Introdução ao Livro de Ezequiel

Introdução ao Livro de Ezequiel

Lendo Ezequiel nas Ruínas e na Reovação

sob a supervisão de
Soo Kim Sweeney

Essenciais Teológicos

Library of Congress Cataloging-in-Publication Data
Dados de Catalogação na Publicação da Biblioteca do
Congresso del Congreso

Soo Kim Sweeney (criador).
[Introduction to the Book of Ezekiel: Reading Ezekiel in Ruins and
Renewal / Soo Kim Sweeney]
Introdução ao Livro de Ezequiel: Lendo Ezequiel nas Ruínas e na
Renovação / Soo Kim Sweeney
169 + xii pp. cm. 12.7 x 20.32 (com bibliografia)
ISBN 979-8-89731-488-1 (imprimir livro)
ISBN 979-8-89731-195-8 (livro eletrônico)
ISBN 979-8-89731-188-0 (Kindle)
  1. Bíblia. Ezequiel—Crítica, interpretação, etc.
  2. Bíblia. Ezequiel—Teologia
  3. Bíblia. Ezequiel—Estudo e ensino
BS1545.52 .S94167 2025

Este livro está disponível em vários idiomas em www.DTLPress.com

Imagem de capa: A "visão do carro" de Ezequiel por Matthäus Merian
(1593–1650)

www.DTLPress.com

Sumário

Prefácio da Série
ix

Introdução
Ezequiel como Escritura, Testemunha e Desafio
1

Parte I
Enquadrando o Profeta e o Pergaminho
3

Capítulo 1
O que falta em Ezequiel, o que transborda
5
Capítulo 2
Recepção e Interpretação de Ezequiel
11
Capítulo 3
Lendo Ezequiel de Perspectivas Pragmáticas
21
Conclusão da Parte I
25

Parte II
Arquitetura e Voz
27

Capítulo 4
Compreendendo as estruturas do livro de Ezequiel
31

Capítulo 5
Lendo Ezequiel passagem por passagem
41

Ezequiel 1–3
42

Ezequiel 4–7
49

Ezequiel 8–11
56

Ezequiel 12–23
64

Ezequiel 24
72

Ezequiel 25–32
79

Ezequiel 33–34
85

Ezequiel 35-36
93

Ezequiel 37
99

Ezequiel 38-39
106

Ezequiel 40–48
111

Conclusão da Parte II
123

Parte III
Vivendo com Ezequiel
125

Capítulo 6
Questões e temas no livro de Ezequiel
127

Capítulo 7
O Corpo do Profeta, o Trauma da Comunidade
135

Capítulo 8
Pregando Ezequiel em Ruínas e Reentrada
143

Capítulo 9
De Hamon-Gog a YHWH Shammah
147

Conclusão da Parte III
Memória como Resistência, Presença como Ameaça
155

Conclusão do Volume
O pergaminho de Ezequiel, ainda se desenrolando
157

Bibliografia Selecionada
161

Prefácio da série

A Inteligência Artificial (IA) está mudando tudo, incluindo a bolsa de estudos e a educação teológica. Esta série, *Livros Essenciais Teológicos* (Theological Essentials), foi criada para trazer o potencial criativo da IA para o campo da educação teológica. No modelo tradicional, um acadêmico com domínio do discurso acadêmico e um histórico de ensino bem-sucedido em sala de aula gastaria vários meses — ou até mesmo vários anos — escrevendo, revisando e reescrevendo um texto introdutório que seria então transferido para uma editora que também investia meses ou anos em processos de produção. Embora o produto final fosse tipicamente bastante previsível, esse processo lento e caro fez com que os preços dos livros didáticos disparassem. Como resultado, os alunos em países desenvolvidos pagaram mais do que deveriam pelos livros e os alunos em países em desenvolvimento normalmente não tinham acesso a esses livros didáticos (de custo proibitivo) até que eles aparecessem como descartes e doações décadas depois. Em gerações anteriores, a necessidade de garantia de qualidade — na forma de geração de conteúdo, revisão especializada, edição de texto e tempo de impressão — pode ter tornado essa abordagem lenta, cara e excludente inevitável. No entanto, a IA está mudando tudo.

Esta série é muito diferente; é criado por IA. A capa de cada volume identifica o trabalho como "criado sob a supervisão de" um especialista na área. No entanto, essa pessoa não é um autor no sentido tradicional. O criador de cada volume foi treinado pela equipe da DTL no uso de IA e o criador usou IA para criar, editar, revisar e recriar o texto que você vê. Com esse processo de criação claramente identificado, deixe-me explicar os objetivos desta série.

Nossos objetivos:

Credibilidade: Embora a IA tenha feito — e continue a fazer — grandes avanços nos últimos anos, nenhuma IA não supervisionada pode criar um texto de nível universitário ou de seminário verdadeiramente confiável ou totalmente confiável. As limitações do conteúdo gerado por IA às vezes se originam das limitações do próprio conteúdo (o conjunto de treinamento pode ser inadequado), mas, mais frequentemente, a insatisfação do usuário com o conteúdo gerado por IA surge de erros humanos associados à engenharia de prompts ruim. A DTL Press procurou superar esses dois problemas contratando acadêmicos estabelecidos com experiência amplamente reconhecida para criar livros em suas áreas de especialização e treinando esses acadêmicos e especialistas em engenharia de prompts de IA. Para ser claro, o acadêmico cujo nome aparece na capa desta obra criou este volume — gerando, lendo, regenerando, relendo e revisando a obra. Embora a obra tenha sido gerada (em vários graus) por IA, os nomes de nossos criadores acadêmicos aparecem na capa como uma garantia de que o conteúdo é igualmente confiável com qualquer trabalho introdutório que esse acadêmico/criador escreveria usando o modelo tradicional.

Estabilidade: A inteligência artificial é generativa, o que significa que a resposta a cada solicitação é gerada de forma única para aquele pedido específico. Nenhuma resposta gerada por IA é exatamente igual à outra. A variabilidade inevitável das respostas da IA representa um desafio pedagógico significativo para professores e estudantes que desejam iniciar suas discussões e análises

x

com base em um conjunto comum de ideias. As instituições educacionais precisam de textos estáveis para evitar o caos pedagógico. Estes livros fornecem esse texto estável a partir do qual é possível ensinar, discutir e desenvolver ideias.

Acessibilidade: A DTL Press está comprometida com a ideia de que a acessibilidade não deve ser uma barreira ao conhecimento. Todas as pessoas são igualmente merecedoras do direito de saber e entender. Portanto, versões em e-book de todos os livros da DTL Press estão disponíveis nas bibliotecas da DTL sem custo e disponíveis como livros impressos por uma taxa nominal. Nossos acadêmicos/criadores devem ser agradecidos por sua disposição de abrir mão dos acordos tradicionais de royalties. (Nossos criadores são compensados por seu trabalho generativo, mas não recebem royalties no sentido tradicional.)

Acessibilidade: A DTL Press gostaria de disponibilizar livros didáticos introdutórios de alta qualidade e baixo custo para todos, em qualquer lugar do mundo. Os livros desta série são imediatamente disponibilizados em vários idiomas. A DTL Press criará traduções em outros idiomas mediante solicitação. As traduções são, é claro, geradas por IA.

Nossas limitações reconhecidas:

Alguns leitores estão, sem dúvida, pensando, "mas a IA só pode produzir bolsa de estudos derivada; a IA não pode criar bolsa de estudos original e inovadora." Essa crítica é, é claro, em grande parte precisa. A IA é amplamente limitada a agregar, organizar e reembalar ideias pré-existentes (embora às vezes de maneiras que podem ser usadas para acelerar e refinar a produção de bolsa de estudos original). Ainda reconhecendo essa limitação inerente da IA, a DTL Press ofereceria dois comentários: (1) Textos introdutórios raramente são pensados para serem verdadeiramente inovadores em sua originalidade e (2) a DTL Press tem outras séries dedicadas à publicação de estudos originais com autoria tradicional.

Nosso convite:

A DTL Press gostaria de reformular fundamentalmente a publicação acadêmica no mundo teológico para tornar a bolsa de estudos mais acessível e mais acessível de duas maneiras. Primeiro, gostaríamos de gerar textos introdutórios em todas as áreas do discurso teológico, para que ninguém seja forçado a "comprar um livro didático" em qualquer idioma. Nossa visão é que professores em qualquer lugar possam usar um livro, dois livros ou um conjunto inteiro de livros desta série como livros didáticos introdutórios para suas aulas. Segundo, também gostaríamos de publicar monografias acadêmicas de autoria tradicional para distribuição de acesso aberto (gratuita) para um público acadêmico avançado.

Finalmente, a DTL Press não é confessional e publicará obras em qualquer área de estudos religiosos. Livros de autoria tradicional são revisados por pares; a criação de livros introdutórios gerados por IA está aberta a qualquer pessoa com a experiência necessária para supervisionar a geração de conteúdo nessa área do discurso. Se você compartilha o compromisso da DTL Press com credibilidade, acessibilidade e preço acessível, entre em contato conosco sobre mudar o mundo da publicação teológica contribuindo para esta série ou uma série de autoria mais tradicional.

Com grandes expectativas

Thomas E. Phillips

Diretor Executivo da DTL Press

Introdução
Ezequiel como Escritura, Testemunha e Desafio
Um Convite ao Leitor

Este livro não pretende domar Ezequiel. Em vez disso, convida aqueles que desejam permanecer na fronteira do profeta, onde divino presença vibra, onde palavras são pausadas, e onde a teologia se desdobra por meio de gestos e vulnerabilidade. Este volume não oferece um comentário convencional ou um relato doutrinário sistemático. Em vez disso, oferece um convite ao envolvimento com Ezequiel por meio da atenção literária, da profundidade teológica, da consciência ética e da pastoral encorajamento.

Lemos Ezequiel não apenas porque é desafiador, mas também porque sua dificuldade serve como uma forma de testemunho. O livro não cede facilmente à interpretação; resiste à simplificação, escapa a categorias precisas e exige atenção constante. Em seus silêncios, excessos e rupturas, Ezequiel desorienta para revelar. No entanto, também fornece instrução. O livro insiste na presença de Deus em meio ao colapso, no fardo do profeta como um sinal e na vocação do remanescente para imaginar o que virá próximo.

Ler Ezequiel é, portanto, arriscar a transformação. Suas metáforas perturbam, seus silêncios acusam e suas visões desestabilizam o que pensávamos saber sobre Deus e sobre nós mesmos. No entanto, precisamente nesse deslocamento reside sua carga teológica. O Livro de Ezequiel não é simplesmente um pergaminho de discurso adiado; é uma obra

1

profeticamente arquitetada.design, criado para lembrar a ruptura, resistir à regressão e ensaiar a ética restauração.

Este volume percorre três áreas interligadas arcos. Parte EU estabelece estratégias retóricas e deslocamentos teológicos do pergaminho. A Parte II aprofunda-se em passagens selecionadas para explorar a estrutura interna de Ezequiel. lógica e desafios externos com sua composição, metáforas e profético desempenho. Papel III considera o Futuros éticos e homiléticos que emergem do Livro de Ezequiel, não apenas por meio de seu conteúdo, mas também por meio de sua construção, guiando a reflexão sobre trauma, memória e pregação. Dessa forma, o Livro de Ezequiel é abordado como uma paisagem dinâmica (textual, espacial e teológica) onde a fala e silêncio se cruzam para delinear o possibilidades do divino-humano interação.

Estudar Ezequiel, então, não é meramente observar um profeta de um distância. Isto é para ser retirou em dele órbita, e talvez ser convocado como testemunha em nosso próprio tempo.

Parte I
Enquadrando o Profeta e o Pergaminho

O livro de Ezequiel não se abre com uma declaração profética clara, mas com uma visão disruptiva. Em vez de proferir um discurso, o profeta está imerso no que vê. Ezequiel 1 não oferece uma entrada suave na vocação profética; ele nos confronta com uma experiência avassaladora da presença divina. Essa ruptura não serve como uma barreira à interpretação, mas como sua força geradora. O significado em Ezequiel surge não da clareza narrativa, mas da intensidade afetiva e simbólica.

A Parte I deste volume trata a desorientação como uma experiência formativa, e não obstrutiva. O silêncio, o simbolismo e a abundância encontrados nos capítulos iniciais de Ezequiel exigem uma abordagem distinta à leitura, que abrace a incerteza em vez de buscar uma resolução imediata. A tensão teológica não deve ser vista como algo a ser superado. mas sim como um espaço a ser vivenciado. Aqui, a presença pode não ser reconfortante e a comunicação pode nem sempre ressoar. Esta seção, então, convida o leitor a uma teologia de interrupção.

O Capítulo 1 estabelece a base conceitual explorando o pergaminho como um objeto performático. A profecia em Ezequiel não é simplesmente proclamada; ela é consumida, encenada, adiada e incorporada. A fala divina é abundante, mas frequentemente não é recebida. A ação simbólica é vívida, mas opaca. A identidade profética de Ezequiel é forjada neste paradoxo de clareza e colapso.

3

O Capítulo 2 expande o escopo ao traçar como Ezequiel foi lido, resistido e reimaginado através das tradições. Em vez de oferecer uma estrutura interpretativa singular, apresenta uma paisagem multivocal que vai do misticismo judaico e da alegoria cristã às referências islâmicas e às reavaliações acadêmicas contemporâneas. Esses encontros formam uma espécie de história da recepção que recusa a redução e exige humildade teológica.

O Capítulo 3 introduz uma perspectiva pragmático-teológica. Considera como o Livro de Ezequiel funciona não apenas como um artefato antigo, mas também como um texto comunicativo que continua a moldar a pregação, o ensino e a reflexão vivida. Ao destacar a ruptura do alinhamento comunicativo entre remetente, mensageiro e mensagem, e receptor, esse capítulo sugere que Ezequiel não modela a proclamação eficaz, mas a necessidade teológica da transmissão adiada. O profeta se torna não apenas um orador, mas um local de interrupção divina.

Os três capítulos da Parte I, em conjunto, criam uma base histórica, ampla na interpretação e fundamentada na teologia. Ezequiel é não se apresenta como um profeta de mensagens claras, mas sim como uma figura de ruptura. Seu papel exige mais do que apenas compreensão; requer presença, paciência e ética. noivado.

Capítulo 1
O que falta em Ezequiel, o que transborda em Ezequiel e por que isso importa

Ezequiel não atrai o leitor com beleza lírica ou proximidade profética. O livro começa, em vez disso, com uma ruptura, com uma visão avassaladora sem explicação imediata, uma presença divina que incorpora a lógica avassaladora do julgamento. As primeiras experiências e encontros do profeta com seres híbridos, o firmamento e a carruagem divina são apresentados com densidade em vez de conforto. Desde o início, o leitor se depara não com o diálogo, mas com a distância; não com o consolo, mas com a complexidade. Este capítulo examina como a gramática profética distintiva de Ezequiel, marcada pela ausência, pelo excesso e pelo silêncio, constitui uma teologia do estranhamento. O que falta no Livro de Ezequiel é tão significativo quanto o que sobrecarrega o texto. Essa dinâmica reformula a comunicação divino-humana não como clareza, mas como confronto.

O que falta a Ezequiel

O Livro de Ezequiel carece notavelmente de muitas das características literárias e teológicas encontradas em outros escritos proféticos. Há escassez de lamentação, intercessão e quase nenhum diálogo comunitário. Ao contrário de Moisés ou Jeremias, o profeta raramente advoga pelo povo. Os silêncios de Ezequiel não são meras omissões narrativas; constituem rupturas teológicas. Seu discurso é adiado (3:26), o luto público é proibido (24:17) e a oração é retida. Mesmo quando a fala divina é abundante, isto muitas vezes parece performativamente d é colocado: dirigido a públicos inalcançáveis, transmitido no exílio e frequentemente sem recepção clara.

O que é ainda mais impressionante é a ausência de certos elementos: não há pedidos claros de perdão, não coletivo confissões, não alegre reencontro e nenhuma intervenção milagrosa. A vida dramática do profeta torna-se o único sinal da intervenção divina. O luto público por sua falecida esposa foi proibido (24:15-24), suas ações não são registradas e seu público permanece em grande parte indiferente. No exílio, o povo de Ezequiel vive em um estado de tempo suspenso. Datas podem ser registradas, mas o tempo não é mais vivido. Os ritmos cíclicos dos festivais sagrados e ritos sazonais cessaram, não deixando nenhuma experiência corporificada de fluxo ou renovação temporal. A marcação precisa do tempo do profeta, portanto, parece menos um calendário litúrgico e mais um ritual de sobrevivência, como se, como Robinson Crusoé marcando os dias em uma ilha após um naufrágio, Ezequiel estivesse resistindo ao apagamento do tempo, inscrevendo-o nos bancos de areia do colapso histórico.

O excesso performático em Ezequiel permanece insatisfeito, dramatizando assim a disjunção entre a intenção divina e a consciência humana. Enquanto o pergaminho é consumido, seu conteúdo permanece indeterminado. Refrões repetitivos como "eles saberão que eu sou YHWH" e marcadores temporais como "naquele dia" não surgem como promessas, mas sim como afirmações não resolvidas. O leitor se depara com uma revelação que, embora avassaladora, em última análise, oculta a clareza. Apesar de inúmeras ordens divinas instruindo Ezequiel a transmitir mensagens de julgamento e realizar atos simbólicos, o Livro de

Ezequiel registra explicitamente a comunicação real ao povo em apenas três ocasiões (capítulos 8 a 11, 12 e 24), destacando uma notável escassez de entrega profética direta. Estas comunicações não surgem como chamadas para arrependimento mas como sinistro previsões de iminente ou a destruição iminente. Para o público, tais mensagens são percebidas como avisos retrospectivos, que chegam tarde demais para causar uma mudança efetiva. Essa superabundância de roteiros simbólicos, portanto, não guia a comunidade em direção ao arrependimento, mas a deixa em um estado de suspense teológico.

Essa ausência não é simplesmente um vazio; em vez disso, serve como uma moldura que redireciona o foco do leitor da persuasão retórica para a interrupção corporificada. Ao reter os gestos proféticos esperados, o texto desestabiliza pressupostos teológicos, particularmente aqueles associados à presença, ao acesso e à responsividade divina. Ezequiel não habita um ecossistema comunicativo; ele atravessa seus remanescentes.

O que Ezequiel transborda

Na ausência de diálogos ou confissões explícitas, o Livro de Ezequiel é caracterizado por uma profunda densidade simbólica. O texto está repleto de visões, metáforas e ordens performáticas, mas esses elementos frequentemente falham em atender às expectativas estabelecidas pelas estruturas narrativas tradicionais. Por exemplo, no capítulo 4, Ezequiel recebe instruções para deitar-se de lado e consumir alimentos impuros. Ainda assim, a narrativa se abstém notavelmente de confirmar se essas ações são executadas ou meramente transmitidas. Há uma ordem sem comentário e uma execução desprovida de testemunho.

Crucialmente, YHWH, conforme retratado em Ezequiel, é caracterizado por uma resolução inabalável. Embora Ezequiel receba frequentemente ordens divinas para chamar o povo ao arrependimento, é impressionante que os únicos três casos explicitamente registrados de comunicação profética (capítulos 8 a 11, 12 e 24) não contenham tal chamado. Em vez disso, cada um desses momentos emite um pronunciamento inequívoco de julgamento. Isso levanta uma questão crucial: o livro está realmente focado em incitar o arrependimento ou, em vez disso, enfatiza a inevitabilidade do julgamento diante da resistência persistente? Em contraste para de Isaías apelos para "retornar", Ezequiel apresenta um Deus que já se distanciou, optando por manifestar Suas ações não dentro do templo, mas entre os exilados. Consequentemente, a riqueza simbólica do texto não serve para elucidar, mas sim para perturbar. Os temas pervasivos da ira e da determinação de YHWH em relação ao Seu próprio povo permeiam quase todos os oráculos de julgamento, elucidando as razões e mecanismos que levaram à independência do povo exílio.

Além disso, o texto apresenta uma prevalência notável de linguagem vergonhosa, particularmente manifesta nas representações de gênero de Jerusalém nos capítulos 16 e 23. A cidade é retratada despojada, exposta e humilhada; é retratada grotescamente como uma cidade teológica. Metáfora. A associação de kālam (vergonha) com kābôd (glória), como articulada por Klopfenstein, indica que a vergonha transcende a mera punição; em vez disso, constitui o fundamento paradoxal sobre o qual a glória divina é reafirmada. As imagens avassaladoras apresentadas em Ezequiel não são gratuitas; elas mediam uma compreensão teológica em que a glória é prefigurada pela desfiguração e a presença é antecipada pela humilhação.

Tal excesso simbólico exige cautela ética. Enquanto outras figuras proféticas utilizam a metáfora como meio de persuasão, Ezequiel frequentemente a utiliza como mecanismo de ruptura. A vergonha, por exemplo, não é meramente expurgada, mas sim curada dentro da estrutura narrativa. Essa saturação de simbolismo torna o texto tanto teologicamente significativo quanto eticamente controverso.

Por que isso importa

Ler Ezequiel transforma o leitor em um leitor teológico. A ausência de diálogo e a abundância de visões compelem o leitor a adotar uma postura de resistência em vez de domínio. Ezequiel revela que a revelação divina nem sempre está alinhada com a prontidão humana; palavras podem ser ditas sem público, e a compreensão pode surgir somente após um período de desolação.

O Livro de Ezequiel serve como um espelho para o exílio, não apenas no sentido político, mas também em termos de comunicação. Sua estrutura reflete um estado de suspensão teológica: o que Deus articula é preservado, mas não totalmente recebido. O livro antecipa um público que não está presente, uma clareza moral que permanece ilusória e uma restauração futura que ainda não está garantida.

Para aqueles que se dedicam à formação teológica (pregadores, educadores e leitores), as implicações são significativas. Este livro alerta os pregadores contra a adesão estrita à fórmula convencional de julgamento, arrependimento, perdão e, finalmente, restauração. O que significa transmitir uma mensagem prematura? Como podemos sustentar uma visão não para o presente, mas para um futuro incerto?

O silêncio de Ezequiel não deve ser mal interpretado como passividade; ao contrário, serve como testemunho. As visões abundantes não são um sinal de indulgência, mas uma estratégia deliberada. Além disso, as rupturas que o profeta vivenciou podem representar limiares divinos.

Capítulo 2
Recepção e Interpretação de Ezequiel

Da ascensão mística à excisão editorial, dos projetos escatológicos ao trauma ético, o pergaminho de Ezequiel fala em todas as épocas e responde.

O livro de Ezequiel não se instala silenciosamente no interpretativo tradições que cercar isto. Isto é um pergaminho volátil, simbólico demais para o teólogo sistemático, estranho demais para o conforto litúrgico e violento demais para a devoção acrítica. E, no entanto, perdurou. Este capítulo traça a recepção de Ezequiel ao longo do tempo e da tradição, não apenas para identificar onde ele foi influente, mas para entender como e por que ele continua a provocar. A recepção, no caso de Ezequiel, raramente é passiva. Seus leitores não o interpretam meramente; eles são, por sua vez, interpretados por ele.

Trajetórias Acadêmicas

O Livro de Ezequiel gerou um discurso acadêmico multifacetado, abrangendo desde a interpretação alegórica e os debates entre sacerdotes e profetas até a teoria do trauma e a teologia diaspórica. Esta seção descreve as diversas abordagens que emergiram em diferentes linhas históricas e disciplinares, com foco não na progressão linear, mas em rupturas, reconfigurações e intensidades hermenêuticas.

Na exegese cristã primitiva, Ezequiel foi fundamental para as estruturas místicas e eclesiais. Orígenes Homilias sobre Ezequiel (3° c.) famosamente

11

alegorizou a visão da *merkavah* (carruagem) como a ascensão da alma em direção à comunhão divina. O Commentariorum de Jerônimo em Ezechielem Prophetam, do século IV, manteve essa trajetória mística, enfatizando a tipologia eclesial. Ao mesmo tempo, tradições místicas judaicas, como Hekhalot Rabbati (c. séc. VI), apropriaram-se da carruagem de Ezequiel como uma cartografia celestial para ascensão espiritual.

Rabínico interpretação abordado Ezequiel com reverência e cautela. Saadia Gaon, Rashi, Ibn Ezra e outros trabalhado para harmonizar de Ezequiel templo visão (caps. 40-48) com a Torá. No entanto, passagens como *Mishná Ḥagigah* 2:1 refletem hesitação quanto ao envolvimento público com o *merkavah* visão, sublinhado o textos santidade volátil. Enquanto isso, fragmentos do Pseudo-Ezequiel de Qumran recontextualizaram as visões do profeta dentro de estruturas apocalípticas e messiânicas, adaptando Ezequiel para promover a resiliência ideológica em meio à ruptura política.

Na erudição moderna, os métodos histórico-críticos remodelaram o papel de Ezequiel. Os comentários de *Hermeneia*, de Walther Zimmerli (1969, 1979), integraram a análise filológica à reflexão teológica, apresentando Ezequiel como uma figura sacerdotal que re-narra a memória de Israel. Moshe Greenberg enfatizou a coerência pedagógica e a unidade retórica em seus dois volumes, *Anchor Bible Commentary* (1983, 1997), contrariando leituras fragmentárias.

Em contraste, o comentário de Gustav Hölscher de 1924 propôs uma drástica excisão editorial, argumentando que a maior parte do material sacerdotal do livro não era ezequieliano. Sua obra cristalizou a dicotomia sacerdote-profeta que dominaria o campo por décadas. Mais recentemente, Marvin Sweeney

(2013) defendeu uma reconciliação desses papéis, propondo que as vertentes sacerdotal e profética em Ezequiel são mutuamente constitutivas, e não contraditórias.

Leituras performáticas e literárias reformularam ainda mais o pergaminho. Margaret Odell e Andrew Mein, Por exemplo, interpretar os atos simbólicos de Ezequiel como performances retóricas em vez de relatos históricos, moldando assim a teologia por meio do discurso encenado. Stephen Cozinhar visualizações o Gogue oráculos e templo Visões (caps. 38-48) como projetos litúrgicos que reimaginam a ordem sagrada. A interpretação ética de Paul Joyce de Ezequiel 18 destaca a importância da agência moral no contexto do exílio. Enquanto isso, Dalit Rom-Shiloni examina a construção retórica de Ezequiel de uma identidade deslocada, aprofundando-se no conflito inter-israelita e nas noções de espaço pertencente.

Abordagens comparativas também floresceram. Daniel Bodi traça paralelos entre Ezequiel e o Poema Babilônico de Erra, situando Ezequiel dentro das estruturas míticas mesopotâmicas da ira divina. e devastação urbana. Safwat Marzouk examina como a mitologia imperial babilônica influencia a representação do Egito como Leviatã por Ezequiel. Tova Ganzel examina a visão do templo como uma reconstrução espacial-teológica em resposta à comunidade luxação.

Críticas feministas têm desafiado veemente-mente o custo ético das metáforas de Ezequiel. Julie Galambush (1992) examina a violência teológica inerente à imagem de Jerusalém como esposa. Athalya Brenner examina os capítulos 16 e 23 através das lentes do trauma de gênero, argumentando que a retórica de Ezequiel requer resistência ética, não meramente exegética simpatia.

Modelos interdisciplinares continuam a expandir o campo. Rose Stevenson e Natalie Mylonas examinam a poética espacial de Ezequiel como uma forma de arquitetura teológica. CA Strine, CL Crouch e Madhavi Nevader dialogam com a teoria da migração de Ezequiel. diaspórico imaginação. Esses leituras reformular o pergaminho como um manual de sobrevivência, arquivo litúrgico e reterritorializado teologia.

Estudos sobre trauma trouxeram insights mais aprofundados. Ellen Davis (1989) descreve o silêncio e o simbolismo de Ezequiel como sintomas de alienação divina. Ruth Poser (2012) lê o livro como literatura sobre trauma, com sua estrutura fragmentada, seu imaginário excessivo e sua narrativa em looping. Ela argumenta que Ezequiel não resolve o trauma, mas preserva sua ruptura.

Finalmente, os modelos comunicativo-performance destacam as tensões semióticas internas de Ezequiel. Soo Kim Sweeney propõe que o pergaminho opera como um meio de interrompido comunicação, onde divino comando, promulgação profética e recepção pelo público estão estruturalmente desalinhados. Nesta leitura, Ezequiel não é um orador, mas um portador de fratura; seu pergaminho é uma artefato teológico da ausência divina e profética testemunha.

Ezequiel nas Tradições Religiosas
Tradições judaicas

No judaísmo primitivo, as imagens de Ezequiel eram ao mesmo tempo reverenciadas e restringidas. A Mishná (*Ḥagigah* 2:1) alertava contra a exposição pública de Ezequiel 1, para que os mistérios divinos não enganassem ou sobrepujassem os não iniciados. No entanto, Ezequiel moldou profundamente as trajetórias místicas. Em *Hekhalot Rabbati* (final do século IV ao VI), a visão da carruagem do profeta torna-se um mapa celestial, um guia para a ascensão celestial e os reinos angélicos.

O midrash rabínico se baseia profundamente em Ezequiel para interpretar a destruição de Jerusalém e vislumbrar sua restauração. Comentaristas medievais, como Rashi, Saadia Gaon e Ibn Ezra, esforçaram-se para reconciliar a visão do templo de Ezequiel (caps. 40-48) com as prescrições da Torá, frequentemente transformando contradições em engenhosidade interpretativa. Na teologia judaica moderna, Moshe Greenberg, Marvin Sweeney e Dalit Rom-Shiloni tratar Ezequiel como ambos um teológico arquivo e uma ética provocação, endereçamento o traumas de exílio, oconstrução da identidade comunitária e a espacialização da santidade.

Visual exegese também emergiu cedo. No o Na Sinagoga Dura-Europos (século III d.C.), Ezequiel aparece com destaque em pinturas murais, especialmente na representação da visão dos ossos secos (Ez 37). Essas imagens representam uma das primeiras teologias visuais judaicas, uma memória litúrgica expressa em cores, gestos e espaço.

Tradições Cristãs

O Novo Testamento não cita Ezequiel com tanta frequência quanto Isaías ou os Salmos, mas se baseia profundamente em suas visões, particularmente em cenas de ressurreição, identidade pastoral e arquitetura escatológica. Os evangelistas, Paulo e João, o Vidente, tomam fragmentos da gramática profética de Ezequiel e os recontextualizam. eles para interpretar o crucificado e Cristo ressuscitado, a vida da igreja e a visão da nova criação.

A visão de Ezequiel do vale dos ossos secos (37:1–14) dramatiza o retorno de Israel do exílio como uma ressurreição corporal. O espírito que entra o ossos sinaliza não apenas um renascimento nacional, mas uma reanimação divina. Mateus 27:52-53 oferece um eco narrativo surpreendente: após a morte de Jesus, "muitos corpos de santos que haviam dormido foram ressuscitados" e "saíram dos sepulcros após a sua ressurreição e entraram na cidade santa". Esta cena, única em Mateus, destrói o tempo escatológico, tratando a ressurreição não apenas como uma vitória cristológica, mas como a restauração de Israel em forma encarnada. A imagem de Ezequiel de ossos espalhados, reagrupados pela respiração, torna-se, em Mateus, a gramática visual do apocalíptico cumprimento.

Em Ezequiel 34, YHWH condena os pastores corruptos de Israel e promete pastorear o rebanho ele mesmo. "Eu mesmo buscarei as minhas ovelhas", declara a voz divina (34:11). Essa acusação teológica torna-se revelação cristológica em João 10, onde Jesus proclama: "Eu sou o bom pastor" (10:11). O Jesus joanino não se limita a ecoar a preocupação de Ezequiel com as ovelhas dispersas; ele reivindica a prerrogativa divina, assumindo o papel que YHWH tive reservado para Ele mesmo. O profético promessa de divino pastoral cuidado é cumprida na encarnação e, em última análise, num pastor que entrega a sua vida.

A declaração de Paulo de que os crentes estavam "mortos em transgressões e pecados" (Ef 2:1), mas agora foram "vivificados juntamente com Cristo" (2:5) ressoa inequivocamente com a visão de Ezequiel de reanimação espiritual. A promessa de Ezequiel de um novo coração e um novo espírito (36:26-27) sustenta a teologia da graça transformadora de Paulo. Enquanto Ezequiel imagina o renascimento de Israel como uma iniciativa divina no exílio, Paulo aplica essa linguagem

16

tanto aos crentes gentios quanto aos judeus, enquadrando a salvação como ressurreição da morte moral e espiritual.

A visão apocalíptica de João da Nova Jerusalém está saturada de imagens ezequielianas. As medidas, os rios e os portões dos capítulos finais de Ezequiel reaparecem transfigurados em Apocalipse 21-22. No entanto, há uma mudança teológica: enquanto o templo de Ezequiel é marcado por limites e acesso regulamentado, a cidade de Apocalipse "não tem templo em si, pois o seu templo é o Senhor Deus Todo-Poderoso e o Cordeiro" (Ap 21:22). A arquitetura da restrição torna-se uma teologia da presença interior. O escaton não é o restauração de estruturas de culto, mas sua dissolução em estruturas não mediadas comunhão.

Em conjunto, esses engajamentos do Novo Testamento com Ezequiel refletem continuidade e transformação. As metáforas de Ezequiel (ressurreição, pastoreio, vida infundida pelo Espírito e espaço sagrado) tornam-se expressões idiomáticas teológicas por meio das quais os primeiros cristãos articulam o significado da morte, ressurreição e promessa de uma nova criação de Cristo. Longe de ser um profeta marginal, Ezequiel torna-se um arquiteto canônico da imaginação escatológica.

A interpretação cristã de Ezequiel há muito enfatiza a alegoria, a eclesiologia e a escatologia. Em sua Homilias em Ezequiel (tarde 6° c.), Gregório o Grande interpretou as lutas de Ezequiel como um espelho da vocação pastoral, ligando o silêncio, o fardo e a obediência à cristão pastor trabalho. Medieval figuras tal como Ruperto de Deutz e Ricardo de São Vítor interpretaram as visões do templo como liturgias celestiais, com esquemas arquitetônicos projetados para modelar a ordem divina.

A exegese mística também floresceu. Dionísio, o Cartuxo (século XV), via Ezequiel como um guia contemplativo, enquanto leitores monásticos usavam a visão da carruagem para explorar a tensão entre a transcendência divina e a união mística.

A Reforma reacendeu o interesse pela crítica profética. João Calvino enfatizou a autoridade profética e a soberania teológica de Ezequiel, interpretando o texto sob a ótica do julgamento da aliança. Teólogos luteranos e reformados, como Johannes Cocceius e William Greenhill, espiritualizaram a visão do templo, interpretando-a como uma antecipação tipológica da renovação eclesial.

A arte cristã absorveu e refratizou essas interpretações. A Visão de Ezequiel, de William Blake (início do século XIX), reimagina a carruagem em uma forma romântica radical, retratando o encontro divino-humano como um drama cósmico. As tradições apocalípticas, particularmente a teologia dispensacionalista, continuam a se alinhar O templo de Ezequiel com a Nova Jerusalém de Apocalipse 21–22, lendo o profeta como arquiteto escatológico.

Tradições Islâmicas

Embora Ezequiel (Ḥizqīl) não seja mencionado nominalmente no Alcorão, sua presença ecoa na literatura islâmica clássica. As tradições Tafsīr o associam a versos como P 2:243 e P 36:78–79, em qual Deus revive os mortos para exibir o poder divino. Comentaristas clássicos tal como al-Ṭabari e al-Thá'labī identifica Ezequiel como o profeta no episódio "Vale dos Ossos Secos", interpretando sua missão como prova da ressureição e da divindade misericórdia.

Em *Qiṣaṣ al-Anbiyā'* ("Histórias dos Profetas"), Ezequiel aparece como um mensageiro sábio e piedoso, às vezes retratado como um reformador militar e moral

18

em tempos de perigo nacional. Sua associação com restauração, ressurreição corpórea e renovação cósmica o coloca no centro das teologias islâmicas de escatologia e intervenção divina.

Profeta, Sacerdote, Pastor: Aprendendo com Ezequiel

Para leitores modernos, incluindo estudantes, pregadores e comunidades teológicas, Ezequiel apresenta uma série de perguntas desafiadoras: O que significa falar quando ninguém está ouvindo? O que acontece com o sacerdócio para alguém chamado a servir como sacerdote quando o templo está em ruínas? Qual é a essência da pregação quando as palavras são ofuscadas pelo julgamento?

Ezequiel não se reduz a um único papel. Ele é um mensageiro sem responder, um escriba de sagrado trauma, e um vigia cujo aviso é arquivado em vez de recebido. Ele é ao mesmo tempo profeta, sacerdote e pastor, mas em nenhuma dessas funções oferece estabilidade ou resolução. Em vez disso, seu ministério exemplifica a resistência diante de dissonância.

Em sala de aula, Ezequiel convida os alunos a examinar e desafiar os binários teológicos. Por que presumir o conflito entre o ritual sacerdotal e a espontaneidade profética? Por que interpretar o cuidado pastoral como meramente suave ou reconfortante? A vocação de Ezequiel subverte essas suposições. Seu silêncio não é passivo; é um testemunho disciplinado. Suas visões não são êxtases selvagens, mas performances estruturadas de ruptura. Os alunos são desafiados a reconsiderar não apenas o que é um profeta, mas o que significa permanecer fiel em meio ao fracasso.

No púlpito, Ezequiel fala àqueles que transmitem mensagens que ninguém quer ouvir. Seu modelo de proclamação, portanto, não se torna persuasivo, mas preservativo. O pregador não convence, mas é aquele que lembra, que testifica o que foi visto e ouvido quando Deus falou. e o pessoas não estavam prontos para ouvir. Ezequiel O ministério não é justificado pelo resultado, mas pela presença. Ele incorpora a verdade de que nem toda fala é feita para ter sucesso, e nem todo silêncio é ausente.

Conclusão

Ao longo dos séculos, a figura de Ezequiel enfrentou resistências, sofreu reestruturações e foi reinventado de várias maneiras. Gustav Hölscher procurou para impor coerência ao pergaminho, enquanto outros optaram por abraçar suas tensões inerentes. Ezequiel foi retratado em paredes de sinagogas, ressoou em liturgias monásticas e infundiu arquitetura apocalíptica cristã. Ele é não um profeta de encerramento mas um catalisador para provocação.

Seu pergaminho não apresenta uma teologia singular; em vez disso, apresenta uma cascata de interrupções: místicas, traumáticas, escatológicas e éticas. Ele é um profeta que desconstrói para redefinir; que silencia para criar espaço; que fala não em busca de resolução, mas para despertar nossa atenção.

Em última análise, o pergaminho de Ezequiel está inacabado. Permanece aberto, não para ser completado, mas para ser levado adiante.

Capítulo 3
Lendo Ezequiel de Perspectivas Pragmáticas

Como se manifesta a profecia quando o público está ausente e as palavras são arquivadas para um futuro desconhecido? O mundo de Ezequiel não é dialógico, mas custodial, onde a comunicação não busca efeito instantâneo. mas longo prazo integridade. Esse capítulo constrói sobre os fundamentos interpretativos dos Capítulos 1 e 2, agora perguntando: O que os discursos proféticos de Ezequiel significam para leitores e intérpretes? Utilizamos o Livro de Ezequiel não apenas como um texto a ser estudado, mas como uma obra performática. agente, que reordena categorias de presença, responsabilidade e transmissão.

Em vez de funcionar como uma conversa em tempo real entre o profeta e o povo, o Livro de Ezequiel apresenta a fala divina como uma inscrição adiada. O profeta é repetidamente informado de que o povo não ouvirá (2:5; 3:7). Mesmo assim, o rolo precisa ser registrado. Isso cria uma teologia da profecia arquivística, onde o valor da fala divina não reside em sua recepção imediata, mas em sua preservação através de rupturas. O papel do profeta evolui de meramente servir como mensageiro da revelação divina para incorporar a função de guardião da vontade divina.

Essa transformação ressalta uma profunda mudança no discurso profético, em que o profeta se envolve no intrincado processo de inscrever sabedoria no silêncio da história. Esse ato de escrever não é meramente um eco do presente, mas um testemunho esperançoso para um futuro em que os pergaminhos cuidadosamente elaborados estão destinados a ser desvendados, interpretados e apreciados por suas percepções transformadoras. O profeta, portanto, torna-se um guardião inabalável desses textos sagrados, antecipando um tempo em que suas palavras ressoarão com compreensão e propósito em um mundo que ainda não compreendeu plenamente seu significado.

De Ezequiel comunicativo estrutura é profundamente assimétrico:

Remetente: YHWH, cujo discurso é frequente, mas estrategicamente encenado.

Mensageiro: Ezequiel, geralmente mudo, sempre com roteiro.

Destinatário: Um público fragmentado; os remanescentes de Jerusalém, os exilados na Babilônia ou as gerações futuras.

Podemos ver esse desequilíbrio como a estratégia teológica distintiva do livro, e não como uma deficiência. O livro não retrata YHWH para corrigir a surdez do público; em vez disso, Deus transforma sua fala em gesto, o tempo em espera e a profecia em arquivo. A mensagem não é entregue, mas sim armazenada ritualisticamente. A ruptura comunicativa é, portanto, reaproveitada como uma vocação profética.

Ao adotarmos essa perspectiva, o silêncio de Ezequiel (3:26) torna-se um evento teológico, em vez de simplesmente uma restrição. Ele cria a possibilidade de que a fala fiel possa ser adiada, incorporada e expressa com relutância. profeta torna-se um conduíte de resistência. Seus gestos (comer pergaminho, deitar de lado, ficar mudo) sinalizam que a linguagem tem limites. A profecia às vezes precisa falar através do corpo quando a voz não mais basta.

Ezequiel não visa apenas transmitir uma mensagem divina; ele remodela o receptor. O pergaminho serve a um propósito pedagógico, não apenas para transmitir informações, mas para preparar uma comunidade capaz de incorporar a presença divina após o exílio. Essa preparação envolve mais do que persuasão; requer o desmantelamento deliberado de construções teológicas herdadas do velho mundo: permanência no templo, reciprocidade profética e segurança da aliança. Em seu lugar, o pergaminho inicia um processo disciplinado de contenção, retirada e esvaziamento. Esses atos não são fins em si mesmos, mas rupturas necessárias a serviço de um propósito maior: abrir espaço para uma nova criação de pessoas, terras, templo e cidade, reconstruída não por meio da restauração, mas por meio da transformação.

Ensinar este livro oferece uma oportunidade de repensar a comunicação, a pedagogia e a atuação teológica. Use a dramatização para representar a sequência comunicativa de Ezequiel, designando os alunos para desempenharem os papéis de Remetente, Profeta e Audiência Sombreada, que têm limitações na comunicação direta. O exercício revela o dissonância construído no próprio pergaminho estrutura.

Apresentar a teoria da comunicação (Austin, Searle) para ilustrar como a fala profética em Ezequiel funciona não como persuasão ilocucionária, mas como inscrição arquivística.

Facilitar o mapeamento espacial e temporal: rastrear como as mensagens atravessam o espaço (Babilônia-Jerusalém) e o tempo (presente-futuro), identificando o custo profético da esperança adiada.

Ezequiel desafia o pregador não a entregar resultados, mas a carregar o fardo. O pregador, como Ezequiel, poderia falar sabendo que não um escuta. Ainda isso não invalida a mensagem; afirma isto.

A pregação de Ezequiel não é uma proclamação de persuasão, mas um discurso para memória. O púlpito se tornaria um site de sagrado resistência, não retórico controlar. O objetivo não é gerar uma resposta, mas testemunhar fielmente, manter aberto o espaço onde as palavras divinas podem ecoar mesmo muito tempo depois que o santuário estiver vazio.

O modelo profético de Ezequiel não pressupõe um encerramento. Seu rolo é um testemunho não de uma missão cumprida, mas de um chamado preservado. Os profetas não alcançam o sucesso mudando de público; eles perduram ao levar a Palavra. Ezequiel nos ensina que a comunicação adiada não é uma falha divina, mas sim a paciência divina para um propósito maior, e que discurso, até se sem resposta, pode ainda ser sagrado.

Conclusão da Parte I

Os primeiros capítulos do Livro de Ezequiel não oferecem conforto nem clareza. Oferecem ruptura, exigindo que os leitores se preparem eticamente e com paciência. O que falta — diálogo, intimidade, intercessão — é tão formativo quanto o que está presente: símbolo, silêncio, espetáculo.

Papel EU tem por isso disposto o interpretativo trabalho de base: primeiro por explorando o que Ezequiel falta e transbordamentos com (Capítulo 1), depois como foi recebido (Capítulo 2) e, finalmente, como os leitores de hoje são convocados a participar em isso é inacabado comunicação (Capítulo 3) A seção a seguir mudará o foco das tensões e silêncios que enquadram o mundo profético de Ezequiel às estratégias composicionais e padrões estruturais que moldam sua mensagem teológica. O pergaminho avançará, mas não apagando seu passado: as lacunas e os excessos em sua voz permanecem parte de sua arquitetura teológica. As leituras que se seguem atentarão para esses movimentos de fala, gesto e presença à medida que a arquitetura performática do pergaminho se desdobra em seu central visões e retórico atos. O que se desdobra o que se segue não é uma resolução, mas um traçado mais próximo desses movimentos onde a própria arquitetura do livro se torna um modo de profecia discurso.

Parte II
Arquitetura e Voz
Como Ezequiel Fala

Se a Parte I examinasse as assimetrias, os silêncios, e as rupturas que enquadram a vocação profética de Ezequiel (o que não é dito, quem não escuta e como a agência divina insiste, no entanto), então a Parte II se volta para o dinamismo composicional do pergaminho: como ele é moldado para mover, para agir, e em última análise para falar com força teológica.

Longe de um arquivo desconexo de visões e oráculos, o Livro de Ezequiel se desdobra com rigorosa intencionalidade arquitetônica. A estrutura do livro não é um recipiente neutro; é um argumento teológico. Ele se move ritmicamente através de julgamento, transição e restauração provisória, não simplesmente como um padrão literário. mas como um profético estratégia. Cada camada de o o texto contribui para um dramático re-narração de de Israel história, não para reafirmar a tradição, mas para interromper isto.

Ao contrário de outros textos proféticos que diagnosticam o fracasso da aliança apenas para repetir ciclos de arrependimento e recaída, Ezequiel vai além. busca romper completamente com esse padrão. O livro não se limita a anunciar o julgamento e vislumbrar a recuperação. Ele questiona os mecanismos teológicos que permitiram que a história de Israel caísse na disfunção ritualizada de remorso superficial, reforma temporária e recaída, e então tenta reescrever a aliança. identidade de dentro de o trauma de exílio. O livro pressiona em direção a uma restauração que não seja apenas voltada para o futuro, mas também estrutural e espiritualmente sustentável.

Nesta perspectiva, a Parte II aborda o Livro de Ezequiel não apenas como um veículo de discurso divino, mas como uma inteligência composicional onde atos de sinais, lamentações, sequências de visão e poesia de julgamento funcionam como instrumentos deliberadamente arranjados de teologia. reconstrução. O do profeta corpo, silenciado e escrito, torna-se o meio não apenas para o que Deus diz, mas também para como Deus se abstém de dizer certas coisas breve.

Três conjuntos centrais de perguntas orientam esta seção:

Que estruturas literárias moldam o Livro de Ezequiel? Como as macroestruturas e as simetrias literárias internas organizam e aprofundam a teologia mensagens do livro?

Como as passagens-chave servem como articulações estruturais e teológicas? O que está em jogo quando textos cruciais como os capítulos 10, 24, 33 e 37 interrompem o ímpeto retórico existente ou deslocam a mensagem profética? tom?

Como Ezequiel reconta a história teológica de Israel para romper com sua patologia recursiva? O que tipos de histórico memória e A imaginação da aliança é cortada, reconstituída ou elevada pelo livro e como essas dinâmicas moldam uma nova visão de identidade comunitária e presença divina?

A Parte II abre com uma investigação estrutural no Capítulo 4, explorando como a arquitetura literária do livro sinaliza e encena suas prioridades teológicas. O Capítulo 5, então, analisa passagens selecionadas que exemplificam a intensidade do gênero, a performatividade e as funções temáticas.

Juntos, esses capítulos guiam o leitor de uma perspectiva aérea para um envolvimento no nível do solo, traçando como a forma de Ezequiel se torna sua voz. Em Ezequiel, a estrutura transcende a mera estrutura; ela comunica teologia. A forma não é passiva; ela fala, fere e, às vezes, oferece esperança.

Capítulo 4
Compreendendo as estruturas do livro de Ezequiel
Rumo a uma Arquitetura Comunicativa da Profecia

Ler o Livro de Ezequiel é experimentar uma ruptura não apenas no conteúdo, mas também na forma. O livro resiste ao desenvolvimento linear, passando por teofanias de carros de tempestade, parábolas corporificadas, disputas jurídicas, e templo projetos com pequeno continuidade ou encerramento narrativo. Enquanto os capítulos 1 a 24 refletem o período entre cercos, entre 597 e 586 a.C., o livro continua além da destruição de Jerusalém, culminando em um visão datado catorze anos depois isso é queda. Em essência, embora Ezequiel pareça apresentar uma sequência cronológica com seus oráculos indicados por sobrescritos datados, os contextos literários implícitos em cada passagem são, em geral, menos sequenciais do que parecem. Em vez disso, as datas marcadas servem como marcadores literários e teológicos, preservando a comunicação divina em meio a um tempo fragmentado e a um fluxo narrativo interrompido.

Mapeamento Comunicativo: Quatro Eixos do Discurso Profético

Um modelo comunicativo ajuda a esclarecer a estrutura de o Não reserve apenas por gênero ou data, mas mapeando relacionamentos entre:

Remetente (YHWH): O divino voz, comandando, mas frequentemente retido.

Mensageiro (Ezequiel/ "Filho do Homem"): Um artista reticente em vez de um persuasivo orador.

Destinatários (exilados e jerusalemitas): divididos, adiados e principalmente sem resposta.

Narrador (Ezequiel em primeira pessoa): Temporalmente ancorado, mas frequentemente suspenso em um "presente" profético.

Este mapeamento revela uma estrutura marcada não pela simetria, mas pelo desalinhamento. A comunicação é frequentemente incompleta, seus efeitos são retardados e suas intenções são preservadas em vez de concretizadas. Aqui estão ilustrações mais detalhadas.

A Estrutura Comunicativa de Ezequiel: A Fala Divina e o Público Retido

O Livro de Ezequiel é estruturado em torno de um intrincado sistema de comunicação, em camadas, atrasado e frequentemente assimétrico. Enquanto a fala divina satura o pergaminho, seus destinatários permanecem estranhamente silenciosos ou indefinidos. Ordens são frequentes, mas confirmações são raras. O que emerge é um drama profético que se desenrola não por meio do diálogo interpessoal, mas por meio da contenção, da abstração e da intensidade preservada.

No cerne dessa estrutura estão quatro agentes comunicativos: o Remetente (YHWH), o Mensageiro (Ezequiel), os Receptores (Judaítas no exílio e Jerusalém) e o Narrador. Suas interações não são organizadas por simetria ou fechamento, mas por desalinhamento e suspense. A comunicação é frequentemente incompleta, seus efeitos adiados e suas intenções preservadas em vez de concretizadas.

YHWH, o Remetente: Fala sem Interlocutores

Ao longo do livro, YHWH fala consistentemente, muitas vezes de forma extensa e com detalhes precisos, mas exclusivamente a Ezequiel. Não há nenhum momento registrado de conversa direta entre divino e humano além deste canal profético. Mesmo oráculos urgentes de julgamento são proferidos sem ciclos de feedback visíveis, e YHWH reconhece repetidamente a recusa ou incapacidade do povo de ouvir (2:5; 3:7). A fala divina não está ausente, mas sim inacessível.

Mais impressionante, porém, é o profundo investimento de YHWH em permanecer contido. O Deus de Ezequiel não pronuncia simplesmente o julgamento; Deus retém a Sua própria compaixão. Em contraste com o Deus de Isaías, que retorna em misericórdia, ou o Deus de Jeremias, que se entrega à dor, o Deus de Ezequiel restringe até mesmo a ternura divina. Essa restrição não deve ser confundida com indiferença. Em vez disso, reflete uma recusa proposital de consolar prematuramente, uma estratégia divina para evitar sabotar a transformação mais profunda necessária. O silêncio de YHWH não é passivo; é carregado de intenção teológica, resistindo à tentação de confortar cedo demais. Deus retém não para abandonar, mas para preparar uma criação que só deve emergir depois que a devastação tiver feito o seu trabalho necessário.

Ezequiel, o Mensageiro: Obediente, mas Silenciado

Ezequiel funciona como um mensageiro, mas seu papel é marcado mais pela recepção do que pela transmissão. Ele recebe ordens para falar e agir, mas o texto raramente confirma o cumprimento dessas ordens. Gestos simbólicos como a encenação do cerco (cap. 4) ou a reconstituição do exílio (cap. 12) são descritos, mas não narrados como realizados. Outros, como a morte de sua esposa (cap. 24), são tanto encenados quanto interpretados. Esse registro irregular revela que a atividade profética de Ezequiel não visa modelar a execução, mas sim roteirizar a imaginação teológica.

Além disso, a mudez (3:26) e a contenção física (4:8) de Ezequiel sugerem que, mesmo quando a comunicação é ordenada, ela é frequentemente atrasada, desviada ou simbolicamente prejudicada. Ele é um profeta chamado a falar, mas impedido de falar. O que recebemos não é uma transcrição de ação, mas um pergaminho de execução adiada, destinado não à resposta imediata, mas ao reconhecimento futuro. Dessa forma, a tarefa de Ezequiel não é forçar a mudança, mas preservar o significado em uma forma que sobreviva ao colapso da audição imediata.

Receptores: Lacunas, Vislumbres e Destinatários Desaparecidos

Ezequiel reside entre os exilados (3:15), mas a maioria dos oráculos nos capítulos 1 a 24 são dirigidos àqueles que ainda estão em Jerusalém. Embora os anciãos às vezes o procurem (8:1; 14:1; 20:1), a comunidade em geral permanece em grande parte silenciosa. O rolo não contém nenhuma narrativa sustentada de resposta, nenhum arrependimento comunitário e poucas trocas interpessoais.

Apenas três passagens descrevem explicitamente a comunicação profética chegando ao povo:

Em 11:25, Ezequiel relata sua visão aos anciãos, sugerindo algum nível de recepção.

Em 12:9, o povo testemunha um ato simbólico e pergunta: "O que vocês estão fazendo?". YHWH cita a pergunta e fornece uma interpretação por meio de

Ezequiel. No entanto, a voz deles é reenquadrada, não registrada diretamente.

Em 24:24-27, o povo reage ao luto repentino (restritivo) do profeta, questiona seu significado e recebe uma explicação. Este continua sendo o único ciclo de feedback inequívoco: mensagem divina, mediação profética e resposta comunitária.

Após a queda de Jerusalém, a voz de Ezequiel é restaurada (33:22). Mesmo assim, o silêncio narrativo retoma. Os oráculos subsequentes de restauração não são descritos como recebidos ou promulgados. Mais notavelmente, a visão do templo, nos capítulos 40 a 48, é introduzida com a ordem de "declarar tudo isso à casa de Israel" (40:4) e concluída sem audiência visível. A cidade é medida. Os portões são nomeados. Mas nenhum ouvido humano está presente. O leitor implícito é deixado para herdar a mensagem.

Essa evaporação progressiva do público desafia as premissas convencionais sobre a comunicação profética. Ezequiel não é um livro de persuasão. É um pergaminho selado, esperando para ser aberto por aqueles que ainda são capazes de ouvir.

Tempo narrativo e atraso teológico

Ezequiel está extraordinariamente saturado de fórmulas de data, frequentemente registrando o ano, o mês e o dia dos encontros divinos (por exemplo, 1:1-2; 8:1; 20:1; 24:1; 33:21; 40:1). Essas marcações temporais não funcionam para fazer a trama avançar, mas para marcar a passagem da revelação em um tempo suspenso. A comunicação se desenvolve na visão, não no diálogo, na performance simbólica, não na resolução de eventos.

No exílio, a comunidade de Ezequiel habita uma temporalidade onde as datas são marcadas, mas não vividas. Os ritmos cíclicos dos festivais de peregrinação e dos encontros de aliança estão ausentes. Nesse vácuo, a precisão do profeta assume um registro diferente. Essas notações assemelham-se menos a um calendário litúrgico do que a uma estratégia de sobrevivência, como Robinson Crusoé contando os dias após o naufrágio. Ezequiel marca o tempo como um ato de resistência contra o apagamento histórico. Este pergaminho não reage à crise; em vez disso, arquiva a presença divina para um futuro que possa recebê-la.

A data final em 40:1 ocorre quatorze anos após a queda da cidade. Como mencionado acima, o que se segue não é uma mensagem de restauração imediata, mas uma visão cuidadosamente elaborada, cuja transmissão permanece sem documentação. Essa omissão teológica reforça a estrutura duradoura do manuscrito: o que é falado é preservado, não necessariamente recebido.

Em suma, a arquitetura comunicativa de Ezequiel promulga o que proclama: a fala divina pode ser totalmente expressa, mas até que o ouvinte encontre certas circunstâncias, como a queda da nação, a mensagem é permaneceria praticamente suspenso. YHWH fala não para provocar arrependimento e restauração imediatos, mas para iniciar uma longa obra de recriação. O profeta não se limita a transmitir conteúdo; ele participa de um processo de desconstrução, um desmantelamento estratégico de premissas herdadas sobre templo, aliança e comunicação. Somente então pode emergir uma nova criação de povo, cidade, terra e templo, não como restauração do antigo, mas como transformação em direção ao duradouro.

Mesmo que o livro termine sem um destinatário humano específico, ele ainda cativa o leitor. A ausência de um público na narrativa permite que o leitor entre, não apenas como observador, mas como a própria pessoa a quem se dirige. O Livro de Ezequiel talvez seja preservada não para seu público original, mas para aqueles capazes de recebê-la após o colapso da comunicação direta. Sua recepção tardia convida o leitor a uma dupla tarefa: reconstruir o significado a partir de fragmentos teológicos e responder, não com emoção reativa, mas com atenção duradoura. A questão final não é se as pessoas ouviram naquela época, mas se o leitor ouvirá agora.

Estruturas de Silêncio e Intensidade

Em vez de progredir em um arco suave do julgamento à restauração, o Livro de Ezequiel se desdobra em pulsos: aberturas visionárias (cap. 1), silêncios e silenciamentos (cap. 3), oráculos de julgamento prolongados (caps. 4-24), mudanças abruptas para a esperança (caps. 33-39) e, finalmente, visões meticulosamente medidas de um santuário e uma terra renovados (caps. 40-48). Essas seções não resolvem o que veio antes; em vez disso, intensificam a instabilidade da presença divina e da responsabilidade humana.

A estrutura do livro realiza o que seu conteúdo narra: ruptura, retirada, retorno e imprevisibilidade. Os capítulos-chave (10, 24, 33 e 37) não servem como transições suaves, mas funcionam como rupturas teológicas. Eles interrompem o fluxo retórico e exigem reconsideração ética e litúrgica. São limiares, não conclusões.

Tropos Estruturais: Quando a Arquitetura se Torna Teologia

A arquitetura de Ezequiel, tanto literária quanto espacial, é em si teológica. Seus dispositivos estruturais não são meramente ornamentais, mas performáticos: Visões de Abertura e Encerramento (cap. 1 e caps. 40–

48): Da glória móvel às medições estáticas, um movimento da abordagem divina à delimitação divina.

Refrões repetidos ("Então saberão que eu sou YHWH"): Não um encerramento, mas um refrão de reconhecimento adiado.

Quiasmas e Ecos: O colapso não é enquadrado como finalidade, mas como reversão e redirecionamento.

Dessa forma, o livro funciona como uma espécie de santuário textual. Abre com a presença divina no exílio e termina com uma visão mapeada do espaço reordenado. Isso não é simplesmente arte literária; é coreografia litúrgica. O pergaminho não resolve o trauma; ele o espacializa, preservando a intenção divina por meio da forma.

Ao contrário dos engajamentos proféticos interativos de Isaías (com reis) ou do diálogo emocional de Jeremias (com Deus), a profecia de Ezequiel recusa o imediatismo. Seu discurso é moldado pela discrição divina, não por técnica retórica. Como afirma Ezequiel 3:26-27: "Farei a sua língua grudar no céu da boca... mas, quando eu falar com você, abrirei a sua boca". Esse ato de fala controlado sinaliza uma mudança da persuasão em tempo real para a profecia arquivística; ela não foi projetada para provocar arrependimento imediato, mas para sobreviver ao julgamento.

Ezequiel emerge, assim, como um profeta sem audiência, mas com um silêncio teologicamente carregado. Seu silêncio forçado não é uma falha, mas uma estratégia. Transforma o pergaminho em um repositório de significados adiados, um arquivo em movimento à espera de um encontro futuro.

E isso introduz um acréscimo crucial ao esquema comunicativo: o leitor. Onde a fala não conseguiu atingir o público original, ela agora se dirige diretamente ao leitor, não como um espectador neutro, mas como um herdeiro do fardo e da possibilidade do pergaminho. A interpretação torna-se o ato de responder a uma mensagem depois que ela é suspensa. O leitor torna-se o novo participante de um drama que nunca foi encerrado.

Na sala de aula: visualizando a forma teológica

Este capítulo convida a abordagens pedagógicas que chamem a atenção para a forma como conteúdo.

Exercício de mapeamento estrutural: peça aos alunos que tracem o fluxo retórico do livro em suas três unidades principais (julgamento, transição, restauração), observando onde as transições falham ou implodem.

Reconstrução do Público: Designe pequenos grupos para mapear a direção retórica: a quem se dirige, quem ouve, quem responde? Como isso muda entre os capítulos 4, 12 e 33?

Insights de Pregação: Quando a Forma Recusa o Fechamento

Pregar Ezequiel é pregar a partir de uma estrutura inacabada. O pergaminho nos ensina que a fala divina nem sempre é linear ou persuasiva; pode, em vez disso, ser preservado, encenado, ou medido. O o pregador não se apresenta como um intérprete de significado resolvido, mas como uma testemunha do desígnio sagrado em processo.

Ezequiel modela uma homilética de construção sem chegada. Seu pergaminho não termina com a restauração comunitária, mas com a presença divina chamada YHWH Shammah. Esta é uma pregação não de solução, mas de andaimes sagrados: confiança construída sobre o silêncio, projeto traçado no exílio e esperança medida em espaço desabitado.

Capítulo 5
Lendo Ezequiel passagem por passagem

Com base na exploração dos capítulos anteriores sobre o deslocamento teológico e a dinâmica fragmentada do público, este capítulo lê Ezequiel passagem por passagem para honrar a tensão, o atraso e a urgência teológica embutidos em sua arquitetura.

Ezequiel faz não comunicar com um comunidade responsiva. Seu mundo profético não é dialógico, mas custodial. Palavras divinas são proferidas, não para serem recebidas em tempo real, mas para serem registradas, preservadas e, por fim, lembradas. O que pode parecer um deslocamento retórico é, na verdade, uma estratégia teológica deliberada: uma comunicação adiada que protege a autoridade do pergaminho da instabilidade de seus destinatários humanos.

Este capítulo não apenas destaca o tema do adiamento, mas também explora por que tal adiamento é tão crucial. Ele oferece uma resposta convincente baseada nos princípios da aliança delineados em Levítico 26, que são centrais para a tradição hebraica. Levítico 26 descreve a jornada do exílio à restauração não como um retorno repentino, mas como um processo que envolve reflexão moral, confissão coletiva e lembrança divina. O Livro de Ezequiel adapta essa teologia para se adequar ao seu próprio contexto. O exílio já é uma realidade; portanto, a questão premente não é mais quando a restauração ocorrerá, mas sim como podemos evitar cair em desespero novamente.

Portanto, no Capítulo 5, lemos as passagens de Ezequiel não apenas como respostas traumáticas, mas também como projetos de resiliência. O Livro de

41

Ezequiel está repleto de visões arquitetônicas, restrições comportamentais e replanejamentos espaciais que não visam celebrar um retorno ao passado, mas para salvaguardar o futuro. O rolo torna-se o pequeno e temporário santuário que YHWH prometeu em 11:16, não um local de adoração, mas um palácio da memória da santidade, projetado para resistir à recaída.

Para orientar o envolvimento próximo com cada unidade de Ezequiel, este capítulo segue uma estrutura recorrente em todas as passagens: Tempo Literário, Fluxo Comunicativo, Símbolos e Palavras-chave, Forma e Gênero, Funções Temáticas, Na Sala de Aula e Insights sobre Pregação. Esta estrutura permite que nuances literárias e ressonâncias teológicas venham à tona, convidando à análise acadêmica juntamente com aplicações pedagógicas e pastorais.

Ezequiel 1–3: Profecia sem resposta

Ezequiel 1–3 abre com ruptura cósmica. O profeta não implora ou protestar; ele observa. Em uma teofania de carruagem de tempestade, a presença divina irrompe no exílio não para confortar os deslocados mas para recruta um mensageiro em um missão de recepção adiada. Esses capítulos formam um limiar, não apenas para o ministério de Ezequiel, mas também para a orientação interpretativa do leitor. Desde o início, o livro subverte as expectativas da profecia como um diálogo, propondo, em vez disso, uma visão centrada, mediada pelo corpo e que preserva o texto vocação.

Tempo Literário

As visões de Ezequiel não se desenrolam em um tempo linear. Em vez disso, formam uma teia de revelação teológica onde o significado é frequentemente retido, reorganizado ou revelado retrospectivamente. Isso não é meramente uma função cronológica, mas uma estratégia literária de reconhecimento adiado, que exige a participação do leitor na reconstrução da ordem da comunicação divina.

Um exemplo-chave aparece na visão inicial de Ezequiel 1. Ali, o profeta se depara com uma teofania chocante: uma tempestade, uma nuvem de fogo e o trono divino sustentado por seres vivos híbridos, descendo não sobre Sião, mas pelo canal de Quebar. Este trono móvel, enfaticamente glorioso, embora espacialmente deslocado, aparece sem explicação. Nenhuma justificativa contextual é apresentada para o motivo pelo qual a glória divina deixou seu local esperado. A visão explode em evidência, mas seu significado permanece suspenso.

Apenas um ano depois, em Ezequiel 8-11, a narrativa retorna a Jerusalém. Nesta visão, datada do sexto ano desde o início do exílio (cf. 8:1), o mistério começa a se desvendar. Dentro do próprio templo, o profeta testemunha ritos idólatras, liderança corrupta e abominações crescentes. Ezequiel 10 descreve o próprio trono de Ezequiel 1 agora se erguendo do Santo dos Santos e partindo para o leste. O que antes se tornara mistério agora é visto em movimento: não uma erupção aleatória, mas uma resposta à violação da aliança.

Dessa forma, a teofania divina de Ezequiel 1 recebe seu contexto interpretativo somente após o fato. O que inicialmente parece uma glória não anunciada torna-se retroativamente inteligível como um afastamento divino. O texto, portanto, realiza uma espécie de retrospecção teológica, convidando o leitor a retornar à visão anterior e reinterpretá-la considerando o que é revelado posteriormente. A revelação em Ezequiel não é meramente sequencial; é recursiva.

Em suma, a estrutura temporal de Ezequiel não guia o leitor suavemente pelos estágios de compreensão. Ela choca primeiro e explica depois. A visão de Ezequiel 1 funciona não como uma introdução, mas como uma provocação; sua coerência teológica é mantida até que a lógica retrospectiva dos capítulos 8 a 11 recontextualize a mobilidade divina como um afastamento crítico. É por meio desse ritmo disjuntivo, primeiro a presença divina e depois o abandono do templo, que o pergaminho ensina ao seu público não apenas o que Deus faz, mas como o significado divino deve ser pacientemente discernido. O que é visto primeiro na glória deve ser revisto na tristeza. O que irrompe na visão deve ser suportado em silêncio antes de ser compreendido na narrativa.

Fluxo Comunicativo

Deus fala, mas não a Israel. A sequência de abertura é estruturada com um eixo vertical: a voz divina desce, o profeta é apreendido, mas ninguém mais ouve. YHWH comissiona Ezequiel, avisa-o dos corações endurecidos que encontrará e, preventivamente, o silencia (3:26). Essa abordagem não é de persuasão; antes, incorpora uma teologia do distanciamento. A comunicação existe, mas está desalinhada: YHWH para Ezequiel, depois Ezequiel para um público futuro, com significado que ainda está por revelar. O pergaminho é não pretendido para mudar mentes, mas em vez de para servir como uma testemunha preservada.

Forma e Gênero

A composição literária de Ezequiel 1-3 manifesta uma interação complexa de gêneros distintos, abrangendo notavelmente uma visão do trono (cap. 1), uma narrativa de comissão (caps. 2 e 3) e um elemento de silêncio ritual (cap. 3). Essa mistura multifacetada de gêneros não apenas enriquece a profundidade teológica do texto, mas também destaca o papel único do profeta e a natureza de seu mandato divino. O encontro de

Ezequiel espelha a visão do templo de Isaías e o chamado de Jeremias, mas sua escala sensorial é incomparável. A visão do rolo é literário hibridez no isso é pico, combinando liturgia sacerdotal, simbologia apocalíptica e pavor profético. Ezequiel é menos um agente ativo do que um receptáculo, dominado e animado pela presença divina.

Símbolos e palavras-chave

A carruagem (*merkavah*) em Ezequiel 1 não é um veículo de transporte, mas um trono móvel, representando a soberania divina, a mobilidade e o controle cósmico. Ela desce em vez de ascender, marcando a iniciativa divina e a presença disruptiva. Em vez de se conformar à geometria antropocêntrica, a mobilidade divina exibe não linearidade, simultaneidade e propulsão multidirecional, resistindo a qualquer estrutura singular de movimento ou significado. A estrutura composta da *merkava* evoca mistério: sua forma semelhante a um trono retrata YHWH não simplesmente como alguém que se senta, mas como alguém entronizado em movimento, governando enquanto se move, soberano, porém incontido.

As rodas "cheias de olhos ['eynayim] ao redor" (1:18) simbolizam a onisciência divina e funcionam como um espelho antecipatório da própria vocação profética de Ezequiel. O profeta não deve apenas ver, mas tornar-se vidente, tornar-se a vigilância encarnada. A proliferação de olhos desestabiliza qualquer noção de vigilância fixa; em vez disso, a visão opera de forma abrangente, tornando o profeta ética e perceptualmente responsável.

O rolo (*megillah*) que Ezequiel recebe (2:9– 3:3) é doce como mel e cheio de "lamentação e luto e ai" (2:10). Isto é para ser consumido, não proclamado, um texto

45

internalizado que, paradoxalmente, prepara o profeta para a fala, silenciando-o primeiro. O pergaminho é, portanto, um paradoxo performativo: contém discurso, mas fala apenas através digestão; isto é lido interiormente, não em voz alta. Isso aponta para uma teologia da revelação corporificada, onde a palavra divina deve se tornar profética carne.

Já desde sua visão inicial, o Livro de Ezequiel apresenta a presença divina por meio de metáforas contraditórias, autoritárias, mas retraídas, íntimas, mas inacessíveis. O que pode parecer inconsistência sintática ou gramatical é, na verdade, um sinal da resistência do texto à representação antropomórfica estável. Essa recusa começa já na teofania inaugural, quando as próprias estruturas linguísticas resistem à atribuição binária.

Em Ezequiel 1–2, surgem incompatibilidades gramaticais: sujeitos femininos são pareados com verbos masculinos, ou vice-versa. Não se trata de erros; são sinais linguísticos de um excesso teológico. Como fogo e gelo coexistindo sem se anularem, ou criaturas vivas se movendo sem girar enquanto as rodas se movem em qualquer uma das quatro direções (1:12, 1:17), a presença divina é representada por meio do paradoxo. Ela é simultaneamente direcional e não direcionada, móvel e entronizada, dominante e silenciosa. O próprio chamado de Ezequiel espelha essa tensão. Ele é instruído a "proclamar" e "fechar a porta" ao mesmo tempo, a permanecer fixo como uma sentinela enquanto se move com o espírito. Essas contradições não são falhas, mas características essenciais da visão, dramatizando uma realidade que excede a dimensionalidade humana.

O texto nos convida, então, a considerar isso como desorientação intencional. Assim como o espaço tridimensional resiste à representação plena em duas dimensões, a glória divina, o que Ezequiel chama de "a aparência da semelhança da glória de YHWH", é descrita por meio de imagens em camadas e instáveis. Não se trata apenas de metáforas; são tentativas de traçar uma presença que transborda linguagem, gênero e espaço. O resultado não é incoerência teológica, mas uma forma de revelação que revela por meio da ruptura. O profeta não domina a visão; ele é desfeito por ela, tornando-se seu recipiente em vez de seu intérprete.

Funções Temáticas

A santidade assume uma qualidade dinâmica; a fala torna-se inflexível. Em vez de se concentrar na profecia orientada para a missão, Ezequiel 1-3 introduz a vocação sem esperar uma resposta da audiência. YHWH afirma claramente: "Eles não ouvirão... mas saberão que um profeta esteve no meio deles" (2:5, 3:7). Essa declaração redefine o sucesso profético como a presença discernível do divino, mesmo diante da rejeição, em vez de simplesmente conduzir o povo ao arrependimento. O silêncio do povo, portanto, não é indicativo de fracasso. A profecia se transforma em evidência em vez de argumento; ela incorpora presença em vez de persuasão.

Na sala de aula

Esta passagem apresenta ricas oportunidades para implementar a pedagogia multissensorial:

Teofania Visual: Os alunos podem se envolver em um projeto criativo desenhando ou construindo uma carruagem, permitindo-lhes explorar e refletir sobre temas teológicos profundos, como mobilidade, mistério e soberania divina. Esta atividade prática os incentiva a visualizar e internalizar conceitos abstratos de forma tangível.

Silêncio Performático: Em uma encenação dinâmica, um aluno pode expressar os versos de YHWH, enquanto outro aluno encarna Ezequiel, mantendo um silêncio profundo, mas segurando um pergaminho que simboliza o peso da mensagem profética. Essa justaposição de fala e silêncio pode aprofundar a compreensão dos papéis e relações entre o divino e o profeta.

Ritual de Iniciação: O silêncio deliberado de sete dias do profeta (Ezequiel 3:15) pode ser interpretado como uma representação simbólica da liminaridade sacerdotal, ecoando temas encontrados em Levítico 8:33. Essa perspectiva posiciona Ezequiel não apenas como um mensageiro, mas também como um intercessor ritualmente suspenso, destacando as complexidades de seu papel na narrativa sagrada. Esta exploração convida os alunos a considerarem o poder transformador do silêncio e as implicações espirituais mais profundas da experiência de Ezequiel.

Insights de Pregação

O chamado de Ezequiel não começa no templo, mas em a terra do deslocamento forçado. YHWH não aparece em Sião, mas junto ao canal de Quebar, um lugar impuro entre os exilados. Este é o primeiro escândalo: que a glória de Deus desce não sobre o trono em Jerusalém, mas entre os deportados, em solo estrangeiro. Para o pregador moderno, isso representa um desafio radical: podemos confiar na presença divina nos lugares em que fomos ensinados a esperar ausência?

Ezequiel é chamado não como um orador público, mas como um observador atônito, imobilizado pela visão, inundado pela glória e silenciado por uma ordem. Ele é nomeado profeta no exato momento em que sua boca é fechada. Ele deve falar a pessoas que não ouvirão, e ainda assim recebe a ordem de ingerir o rolo.

A tarefa profética, portanto, começa não com palavras, mas com a digestão incorporada, com a internalização do julgamento e da lamentação.

Ezequiel 1–3 reformula a pregação não como uma proclamação persuasiva, mas como um deslocamento fiel. O pregador não é enviado imediatamente para proclamar, mas primeiro para ser desfeito, para sentar-se onde os exilados se sentam (cf. 3:15), e para urso o peso de um mensagem não um poderia crer. Neste espaço, o ministério torna-se não uma execução de respostas, mas uma administração da estranheza divina, uma disposição para estar saturado da Palavra antes mesmo de falar isto.

Pregar Ezequiel é entrar num espaço de atraso teológico: confiar que o rolo será aberto no tempo, que o silêncio não é a ausência de vocação, mas a sua forma gestacional. A urgência do profeta não se mede pelo volume, mas pela presença. Em Ezequiel 1–3, somos convidados a considerar que o chamado divino pode começam no exílio, permanecem sem resposta e ainda são sagrado.

Ezequiel 4–7: Caminho para o Fim

Ezequiel 4-7 marcos o do profeta primeiro registrou a recepção de um comando divino para ação pública. No entanto, notavelmente, o texto permanece em silêncio quanto a se essas performances eram executado ou como eles eram recebido. Portanto, em vez de um engajamento público genuíno, Ezequiel 4–7 ilustra o ato designado de profecia, relatando a intenção divina em vez de transmiti-la.

Tempo Literário

Ao contrário de Ezequiel 1–3, esta unidade carece de fórmulas explícitas de data, criando um momento de suspensão temporal. No entanto, por seguir imediatamente a visão inaugural datada (1:1–3:15), as ações proféticas em Ezequiel 4–7 situam-se implicitamente no mesmo período inicial do ministério de Ezequiel. A ausência de novas datas sinaliza uma espécie de tempo profético congelado, um presente sustentado no qual os primeiros juízos começam a tomar forma visível, mas sem movimento narrativo. O peso da advertência divina se intensifica, mas ainda não se resolve.

Essa suspensão temporal serve como uma função literária: gera pressão. Ezequiel 4–7 não apenas dá continuidade à comissão inaugural; ele a intensifica. Os dramáticos atos de sinais do profeta, os oráculos de desgraça e as listas de colapso nacional conduzem a um crescendo narrativo e teológico, que se abrirá na detonação visionária de Ezequiel 8–11. Nessa unidade posterior, Ezequiel é transportado para Jerusalém, onde a fonte da ira divina é finalmente exposta: abominações no templo, corrupção entre os líderes e a chocante partida da glória de YHWH.

Da perspectiva do leitor, Ezequiel 4–7 opera como a mola narrativa que se aperta. O texto cria tensão por meio da intensificação. Ele ascende em direção a um ápice silencioso, preparando o caminho para a visão explosiva em Ezequiel 9, onde o julgamento começa, e Ezequiel 10, onde a carruagem do trono é vista partindo do templo. Assim, embora esses capítulos não sejam visionários em seu gênero, eles servem como pista teológica para o que se segue.

Em termos de tempo literário, Ezequiel 4–7 funciona como a calmaria antes da tempestade, calmaria apenas na estrutura, não no tom. Sua natureza sem data oculta sua urgência, mesmo enquanto carregam o julgamento mais antigo do pergaminho em direção à sua revelação culminante. O resultado é uma unidade que parece suspensa, mas densa de movimento, avançando não com velocidade, mas com peso.

Fluxo Comunicativo

De Ezequiel profético comissão se desdobra através de um série de assimétrico trocas entre YHWH e o profeta, o que pode ser chamado de comunicação sem resposta, e ainda assim não sem comunhão.

Em Ezequiel 4–5, YHWH problemas um série de preciso, performático comandos: construir uma cena de cerco em miniatura usando tijolo e ferro (4:1–3); deitar sobre dele esquerda e certo lados para um exato número de dias (4:4–8); comer pão racionado cozido inicialmente sobre esterco humano (4:9–17); e rapará a cabeça e dividirá o cabelo pelo fogo, pela espada e pela dispersão, reservando apenas alguns fios (5:1–4).

Esses gestos são não apenas simbólico; eles são atos comunicativos que codificam o julgamento divino no corpo do profeta. Eles dramatizam o cerco, a fome, a vergonha, e exílio. Ainda lá é não menção de um público. O desempenho é dado mas não recebido em ao menos não visivelmente. Ezequiel torna-se mensageiro e mensagem, um portador silencioso da fúria divina encenada diante de um ausente ou indiferente público.

E, no entanto, a comunicação não é unidirecional. Em 4:14, Ezequiel interrompe: "Ah, Senhor YHWH! Eis que nunca me contaminei..." Este breve protesto a respeito do combustível para cozinhar lembra ao leitor que o profeta não é um fantoche mudo. Ele resiste. Ele modifica. E, notavelmente, YHWH cede, substituindo esterco de vaca por dejetos humanos (4:15). Este momento, por mais breve que seja, revela que a comunicação divina no exílio inclui negociação. O teatro não é vazio de voz; ele contém luta.

Ezequiel 6–7 muda drasticamente de tom e forma. O profeta desaparece como personagem, e a voz de YHWH domina o palco: "Saberão que eu sou YHWH." (6:7, 10, 13, etc.)

A linguagem torna-se oracular e reiterativa, repleta com refrões de divino reconhecimento, julgamento, e destruição. Esses monólogos são marcados por intensidade retórica e fechamento literário, mas, mais uma vez, não há público humano explícito respondendo. A comunicação aqui se torna saturada, mas não recebida, um solilóquio divino ecoando no ruínas.

Junto, Ezequiel 4–7 presentes um profético modo como a comunicação é encenada, não presumida. É performática, contestada e frequentemente unilateral. Ezequiel protesto em capítulo 4, o tátil O ritual da divisão do cabelo no capítulo 5 e as declarações implacáveis nos capítulos 6–7 atestam um mundo teológico no qual a Palavra se move mesmo que ninguém ouve.

Forma e Gênero

A passagem mistura ação simbólica e oráculo falado: atos de sinais dominam os capítulos 4 e 5, como o cerco de tijolos, a postura corporal e a profanação ritual. Formas oraculares ressurgem nos capítulos 6 e 7, incluindo ações judiciais por aliança (6:1-10) e cantos fúnebres (7:1-27). Essa estrutura híbrida confunde as fronteiras entre profecia e teatro, onde o julgamento é tanto ensaiado quanto proclamado.

Símbolos e palavras-chave

Ezequiel 4–5 utiliza uma série de sinais corporificados que funcionam como representações simbólicas do julgamento nacional. Cada ato ressoa com imagens da aliança e contribui para um retrato cumulativo da desintegração.

O profeta é primeiramente instruído a desenhar Jerusalém sobre um tijolo e colocar uma panela de ferro entre si e a cidade (4:1-3), simbolizando tanto o cerco iminente quanto a impenetrabilidade divina que agora separa YHWH do povo. Ele então se deita de lado (390 dias para Israel e 40 para Judá [4:4-8]), carregando visualmente a duração da culpa de cada reino. O pão racionado e o combustível impuro (4:9-15) dramatizam a extrema escassez e a profanação ritual do exílio. Finalmente, em um gesto brusco de fragmentação da aliança, Ezequiel corta o próprio cabelo com uma espada, dividindo-o em três partes: uma queimada, uma espalhada e uma guardada brevemente antes mesmo que esta seja lançada ao fogo (5:1-4). Cada movimento do corpo do profeta torna-se um texto profético em si mesmo.

Esses sinais não são arbitrários. Eles ecoam as advertências da aliança de Levítico 26 e Deuteronômio 28, onde a desobediência leva à fome, à derrota, à profanação e ao exílio. Na performance de Ezequiel, o corpo se torna um palco no qual o colapso nacional é prenunciado, não apenas descrito, mas encenado.

Funções Temáticas

Através do corpo imobilizado e desfigurado de Ezequiel tarefas, YIIWH comunica o custo irreversível do abandono da aliança. Os atos simbólicos não são ilustrativos, mas performances destrutivas, concebidas para cortar a nostalgia residual do público exilado por Jerusalém.

O destino dos cabelos do profeta em 5:1-4, queimados, ferido, espalhados e um remanescente lançado ao fogo, reflete mais do que desintegração política. Sinaliza desespero teológico: até mesmo os poupados são consumidos. Não existe uma categoria clara de "sobrevivente". Ao transformar Ezequiel em ambos um sinal e um site de devastação, o texto desorienta esperanças de restauração ou remanescente segurança no futuro próximo.

Esta desorientação torna-se definitiva em Ezequiel 7. Aí, a declaração repetida "Chegou o fim… chegou o fim" (7:2-6) funciona como um anticlímax litúrgico, contrariando qualquer expectativa de que este julgamento é um simples episódio. O retórica anuncia não uma punição cíclica, mas um encerramento irreversível, uma separação teológica sem passagem de volta. Ao contrário dos ciclos proféticos anteriores, onde a destruição se transforma em esperança, aqui o refrão intensifica: "O fim tem vir" não é uma transição; é a final. Em Ezequiel 4–7, a ira divina não convida à resolução mas demandas acerto de contas. O profeta é feito para incorporar esse acerto de contas (paralisado, faminto e barbeado) não para restaurar a memória, mas para cancelar a memória sentimental completamente.

Na sala de aula

Peça aos alunos que mapeiem os atos simbólicos de Ezequiel dentro da linha do tempo desde a deportação de Ezequiel até a queda de Jerusalém (597-586 a.C.). Quando começou o cerco? Quando o templo foi destruído? Como faz o duração de De Ezequiel mentindo abaixo se cruzam com essas traumas?

Atribua papéis para uma leitura dramática: YHWH, Ezequiel e uma multidão silenciosa observando. Incentive os alunos a perceber o desequilíbrio entre poder e voz: Quem fala? Quem escuta? Quem reage? Deixe o silêncio de o "público" tornar-se um espaço de interpretativo tensão em vez de ausência.

Oriente os alunos a interpretar cada ação como uma proposição teológica. O que significa consumir alimentos racionados e usar esterco como combustível?

Que emoções surgem ao realizar um julgamento sem resposta?

Atribua a cada aluno o papel de uma mecha de cabelo de Ezequiel (cf. 5:1–4): uma para ser queimada, uma para ser golpeada pela espada, uma para ser espalhada ao vento, uma para ser escondida no dobras de o roupão, um mais tarde jogado em o fogo. Convide-os a falar ou escrever a partir dessa posição: Como é ser poupado, mas ainda estar em perigo? Como é o julgamento quando não se distingue? O que acontece? quando você são papel de um remanescente agora, apenas para ser lançado de volta à destruição em breve?

Este exercício corporificado permite que os alunos confrontem a ambiguidade teológica das ações de Ezequiel, não apenas interpretando-as como símbolos, mas também vivenciando sua desorientação. Ensinar Ezequiel 4–7 por meio de uma abordagem dramática e empática abre espaço para a reflexão teológica e a imaginação profética no exílio.

Insights de Pregação

Ezequiel 4–7 confronta os pregadores com um paradoxo: como proclamar a mensagem do "fim" sem se render ao desespero? O refrão do capítulo 7 ("Chegou o fim, chegou o fim sobre os quatro cantos da terra" [7:2]) é liturgicamente claro e teologicamente definitivo. No entanto, pregar a partir desta passagem não exige declarar a desesperança. Em vez disso, exige uma corajosa transformação homilética: nomear o fim de tal forma que ele prepare o início de algo sagrado.

Para Ezequiel, "o fim" não é meramente cronológico, mas teológico. Sinaliza o colapso das ilusões, das falsas esperanças, da nostalgia equivocada e do direito herdado. Esse colapso abre espaço não para o conforto barato, mas para a avaliação verdadeira. O pregador hoje é chamado a espaços semelhantes de apatia espiritual e negação cultural, falando com uma voz que rompe a resistência, não para dominar, mas para despertar.

Esta pregação não se baseia na persuasão, mas na personificação fiel da realidade divina. O rolo pode não ser recebido pelo público agora, mas deve ser digerido pelo pregador, mesmo assim. Proclamar Ezequiel 4–7 significa ousar dizer que Deus pôs fim (à idolatria, à negação, à traição) ao que não deve continuar, para que a renovação da aliança possa surgir não da memória, mas do fogo.

Nessa tarefa, Ezequiel 6:9 oferece uma profunda âncora teológica. Ali, Deus declara que os olhos e os corações adúlteros do povo serão despedaçados, mas também diz: "Fui quebrantado pelo seu coração prostituído". Este momento reformula o julgamento divino: não como uma violência isolada, mas como uma ruptura divina vinda de dentro. YHWH não esmaga de cima, mas quebra de dentro, suportando a dor em prol de um propósito maior.

Pregar com base em Ezequiel 4–7, portanto, é abrir espaço para essa fragilidade compartilhada, convidando a comunidade a reconhecer que o julgamento divino não é a ausência emocional de Deus, mas a presença custosa de Deus. E se o pregador conseguir identificar isso e ajudar os ouvintes a permanecerem ali, então o sermão já começou, mesmo em silêncio, mesmo antes da resposta.

Ezequiel 8–11: Vendo o que deve sair

Os capítulos 8 a 11 formam uma sequência de visões intimamente entrelaçada, um dos segmentos mais carregados de teologia do livro de Ezequiel. Retrata a realidade horripilante de que a glória de YHWH, outrora entronizada no templo de Jerusalém, começou a desaparecer. O profeta, em exílio, é transportado em um visão para Jerusalém, onde ele testemunha uma infiltração multifacetada de idolatria dentro dos limites do templo, culminando na decisão divina de desocupar o local santuário.

Tempo Literário

Seguindo a intensidade sem data dos capítulos 4–7, a visão em Ezequiel 8–11 é reancorada em um registro de tempo preciso: "no sexto ano, no sexto mês, no quinto dia" (8:1).

Esta visão é datada do sexto ano (591 a.C.), pouco mais de um ano após a visão inaugural de Ezequiel (592 a.C.), e situada entre a primeira deportação (597 a.C.) e a eventual queda de Jerusalém (586 a.C.). O momento é geopoliticamente carregado: Judá, sob pressão da Babilônia e do Egito, enfrenta crescente instabilidade interna e esperanças nacionais equivocadas.

Mas o tempo literário em Ezequiel não é simplesmente cronológico; é teológico. O que aparece em Ezequiel 8 como uma visão redefinida é, na verdade, uma chave retrospectiva. Como mencionado acima, ele finalmente desvenda o significado da descida chocante da carruagem-trono em Ezequiel 1. A presença divina que outrora apareceu inexplicavelmente sobre o canal de Quebar (móvel, radiante e sem amarras) agora é vista em movimento novamente. Mas, desta vez, ela não está chegando. Está partindo.

Ezequiel 8–11, portanto, constitui uma dobradiça na arquitetura temporal do pergaminho. Após a tensão e a quietude de Ezequiel 4–7, esses capítulos se abrem com uma visão. Ezequiel é levado, talvez mais precisamente arrastado, para o próprio coração do templo de Jerusalém, onde testemunha a crescente abominação: câmaras secretas de idolatria, violência ritual e liderança corrupta. Ezequiel 9 explode em julgamento, e Ezequiel 10 mostra a glória de YHWH partindo do santuário interior. O que começou como uma ameaça silenciosa agora se torna uma ruptura visível.

Este não é um novo começo, mas uma revelação tardia. O significado da teofania de Ezequiel 1 só entra em foco através da clareza retrospectiva desta unidade. O tempo literário se dobra para trás: o trono móvel que atordoou o profeta no início agora revela sua lógica. O leitor é convidado a reler, a reinterpretar. A carruagem divina não é simplesmente transcendente; é judicial. Sua mobilidade não é aleatória, mas responsiva.

Ezequiel 8–11, portanto, não é apenas um clímax visionário; é uma chave literária. Reconfigura retroativamente as visões anteriores do manuscrito e estabelece um novo horizonte de movimento divino para longe do centro sagrado, rumo ao exílio. A datação dessa visão reforça seu papel: não se trata de teologia atemporal; é uma ruptura historicamente localizada. E não deixa espaço para atrasos. O templo ainda está de pé, mas sua glória está começando a desaparecer.

Fluxo Comunicativo

A visão de Ezequiel 8–11 se desdobra em uma estrutura comunicativa em camadas que começa intimamente e culmina expansivamente. YHWH é o remetente final da mensagem, iniciando uma sequência visionária que é ao mesmo tempo marcante e reveladora. Ezequiel, como mensageiro profético, funciona não apenas como um orador, mas como um participante visionário totalmente imerso, com seu corpo e sentidos atraídos para a acusação divina.

A princípio, a visão parece ser dirigida exclusivamente a Ezequiel, uma revelação particular que se desenrola enquanto os anciãos de Judá estão "sentados diante" dele (8:1). Esses anciãos atuam como catalisadores narrativos, mas permanecem visualmente passivos; não testemunham o que Ezequiel vê. Isso cria uma dinâmica interior-exterior marcante: o profeta vê, absorve e processa o que os outros não veem, mas sua tarefa final é retransmitir isso fielmente.

Ao final da sequência, em 11:25, Ezequiel faz exatamente isso: relata a visão completa aos exilados, estendendo seu alcance comunicativo do corpo profético solitário ao corpo comunitário disperso. O público, portanto, se expande para incluir não apenas os anciãos iniciais na Babilônia, mas também as comunidades exiladas dispersas, às quais se dirigem 11:16-21.

Na própria visão, um contraste adicional é traçado entre os habitantes de Jerusalém. Alguns afirmam confiar na proximidade divina, interpretando sua presença contínua na terra como evidência de sua escolha. Outros vivem sob a sombra de um aparente abandono. A visão de Ezequiel reformula essas interpretações, sugerindo que a presença divina, de fato, começou a se deslocar, não para o templo em Jerusalém, mas para os dispersos e despedaçados.

Essa reorientação é o cerne do fluxo comunicativo: embora Ezequiel veja sozinho a glória partindo do templo, a mensagem não é privada. Ela visa preparar os exilados para receber uma nova geografia teológica, que distingue entre nostalgia e esperança verdadeira e que, em última análise, centraliza a presença restauradora de Deus entre os deslocados.

Forma e Gênero

Ezequiel 8–11 é composto como uma narrativa visionária em primeira pessoa, na qual o profeta relata sua experiência de ser levantado "pelos cabelos da cabeça" (8:3) e transportado para Jerusalém. O gênero é multifacetado, combinando diversas formas proféticas e narrativas. Inicia-se como um relato de visão (8:1-3), depois se desdobra como uma visita guiada ao templo, não de ordem sagrada, mas de profanação oculta (8:5-16), contrastando fortemente com a visão idealizada posterior do templo em Ezequiel 40-48. A unidade evolui para uma narrativa de julgamento divino com executores angelicais (9:1-11), seguida por um relato detalhado do movimento de glória (10:1-22; 11:22-25), no qual a presença de YHWH deixa o templo. A estrutura culmina em um oráculo de restauração condicional (11:14-21), oferecendo esperança do exílio. O efeito cumulativo é dramático e desorientador, traçando uma espiral descendente da revelação de abominações ao abandono divino, antes de abrir um caminho estreito rumo ao retorno à aliança. O gênero, portanto, espelha o arco teológico que narra.

Símbolos e palavras-chave

Ezequiel 8-11 constrói seu drama teológico por meio de uma sequência de símbolos poderosos, cada um aprofundando a narrativa de profanação e afastamento divino. Começa com a misteriosa "imagem do ciúme" (8:3-5), uma presença totêmica nunca totalmente explicada, tornando-a ainda mais ameaçadora como catalisadora de ofensa divina. Segue-se uma profusão de imagens idólatras (seres rastejantes e ídolos esculpidos nas paredes do templo [8:10]) que saturam visualmente o espaço com impureza, em forte contraste com os códigos levíticos. Uma imagem ainda mais arrepiante surge com setenta anciãos, incluindo Jaazanias (que significa "YHWH escuta"), filho de Safã, em pé em uma câmara escura segurando incensários (8:11). Essa combinação evoca Números 16, onde os incensários sinalizam a rebelião sacerdotal e provocam o julgamento divino. Lá, os censores se tornam artefatos de advertência; aqui, eles se tornam emblemas da corrupção interna. O papel dos anciãos é invertido. Eles não são intercessores, mas cúmplices. Ezequiel 8 termina mostrando os adoradores do sol virando as costas para o templo para adorar o sol (8:16). Juntas, essas profanações desmantelam o santuário por dentro.

Em Ezequiel 9:2, seis carrascos e um sétimo homem "vestido de linho" chegam do portão norte, sinalizando tanto a invasão babilônica quanto o procedimento sacerdotal. A figura vestida de linho, reminiscente da pureza levítica (cf. Lv 16:4), não é um guerreiro, mas um escriba. Sua tarefa é sagrada: marcar um tav (תָּו) na testa dos que choram (9:4), ecoando tradições apotropaicas (cf. Êx 12:7) e revelando a misericórdia de YHWH em meio ao julgamento. O próprio julgamento se desenrola no espaço sacerdotal. Em 9:7, os carrascos são instruídos a profanar o templo, enchendo-o com os cadáveres dos mortos, transformando um espaço antes sagrado em um local de abominação. Os próprios corpos dos julgados tornam-se instrumentos de profanação.

No capítulo 11, Pelatias (que significa "YHWH me permite escapar") morre inesperadamente durante a visão de Ezequiel (11:13). Sua morte representa uma manifestação dramática do julgamento divino afetando o estado emocional do profeta. Como um líder representativo, sua queda significa o colapso simbólico da elite de Jerusalém. Por outro lado, em 11:16, em meio à devastação, um vislumbre de esperança é oferecido especificamente aos exilados, e não aos habitantes de Jerusalém: YHWH proclama: "Embora eu os tenha removido para longe entre as nações... Eu me tornei para eles um *Miqdash Me'at*, um pequeno santuário." Esta frase redefine a presença divina não como fixa no espaço, mas como inerentemente relacional e móvel. Mesmo no exílio, Deus concede um fragmento de santidade, que é portátil, oculto e duradouro.

61

No final, a glória de YHWH parte em etapas, do santuário para o portão e depois para o Monte das Oliveiras, refletindo a fragmentação tanto do povo quanto do sacerdócio.

Funções Temáticas

Ezequiel 8–11 funciona como uma peregrinação teologicamente invertida. Em vez de ascender à presença divina, o profeta é conduzido através da profanação, testemunhando as contaminações acumuladas que compelem a partida de YHWH. A ira divina aqui não é impulsiva, mas relutantemente promulgada. A Glória parte não às pressas, mas em etapas, primeiro do santuário interior para o limiar (9:3), depois para o portão leste (10:18-19) e, finalmente, para o Monte das Oliveiras (11:23). A santidade perdura, mesmo enquanto o julgamento prossegue.

Teologicamente, a seção reformula o exílio não como abandono, mas como o resultado necessário do afastamento divino devido à profanação. YHWH não desaparece; Ele se realoca. Ao fazê-lo, o locus da esperança se desloca de Jerusalém para a comunidade exilada. A promessa condicional em 11:14-21, inserida no julgamento, sugere que o exílio não é um apagamento, mas um realinhamento teológico, um deslocamento que torna possível a reconstituição futura.

Sob essa luz, a visão exorta os exilados a romperem com a nostalgia de Jerusalém. Declara que o julgamento deve purificar a terra, enquanto a fé deve ser sustentada no exílio. O chamado é duplo: renunciar à saudade deslocada e receber o "pequeno santuário" (11:16) como sinal da presença duradoura da aliança.

Na sala de aula

Este trecho é ideal para mapeamento visual e

análise espacial. A complexidade da visão de Ezequiel propicia um envolvimento corporificado e imaginativo em sala de aula:

Exercício com o Mapa do Templo: Convide os alunos a recriar a jornada visionária de Ezequiel pelo templo (capítulos 8 a 11), marcando onde cada ato de idolatria ocorre. Discuta como a proximidade com o Santo dos Santos intensifica a gravidade das abominações e aumenta os riscos da resposta divina.

Rastreamento da Glória: Mapeie o movimento da glória de YHWH desde o santuário interior (9:3) até o portão leste (10:19) e, finalmente, até o Monte das Oliveiras (11:23). Em seguida, revisite Ezequiel 1, onde o trono aparece acima do canal de Quebar. Que lógica teológica ou narrativa explica essa trajetória? A sequência sugere paciência divina, tristeza ou reorientação?

Visualize o *Miqdash Me'at*: Peça aos alunos que imaginem e construam como seria um "pequeno santuário" (11:16) em seu próprio tempo e lugar. Onde tal espaço poderia existir no exílio? Que forma a presença divina assumiria quando o templo não fosse mais acessível?

Interpretação Teológica: Atribua aos alunos diferentes papéis: Ezequiel, os anciãos silenciosos, o remanescente marcado ou os executores angelicais, e convide-os a responder à visão que se desenrola. Que tensões morais ou teológicas surgem de cada perspectiva? O que é visto, o que é ocultado e o que é suportado?

Insights de Pregação

A pregação de Ezequiel 8-11 exige não apenas a interpretação de uma visão passada, mas também o discernimento de como nossa adoração atual pode refletir suas distorções. O pregador é convidado a se distanciar e se perguntar se nós também nos acomodamos em rotinas sagradas, enquanto, sem saber, encaramos a direção errada. Definimos a adoração pela forma, enquanto viramos as costas para a presença?

O texto alerta que até mesmo o pátio mais interno do templo pode se tornar um palco de devoção desalinhada. O que justificamos na escuridão pode já estar sob vigilância divina. Assim, Ezequiel nos desafia a nomear a profanação não como algo distante ou histórico, mas como algo potencialmente presente e coletivo.

Ao mesmo tempo, para comunidades que se sentem exiladas, isoladas, ignoradas ou esquecidas, surge a tentação de interpretar seu deslocamento como abandono. Mas o pregador precisa fazer uma pausa. O exílio é um sinal de rejeição divina ou de realocação divina? Antes de responder pelos outros, o pregador deve primeiro se perguntar: Como interpreto o movimento de Deus nos espaços que chamo de ausência?

A tarefa do pregador, portanto, não é pronunciar julgamentos, mas iluminar a complexidade. A glória de Deus se vai lentamente. Sua dor precede Sua ausência. E mesmo no exílio, Ele prepara um santuário para aqueles que lamentam o que foi perdido.

Ezequiel 12–23: Julgamento realizado e dissonância teológica

Uma intensidade retórica elevada e uma volatilidade teológica significativa marcam Ezequiel 12–23. Esses capítulos abrangem o período precário entre a deportação da comunidade de Joaquim pela Babilônia (597 a.C.) e o segundo cerco de Jerusalém (588 a.C.). Dentro dessa liminaridade temporal e teológica, a comunicação divina se intensifica, enquanto a resposta humana diminui. No entanto, em meio à devastação de uma cidade, também testemunhamos uma ruptura na coerência comunicativa. Deus fala, Ezequiel age, mas o povo permanece em grande parte em silêncio ou cheio de suspeitas. Esta seção apresenta personificações marcantes de Jerusalém (caps. 16, 23), juntamente com uma discussão rara, mas crucial, sobre culpa geracional e agência moral (cap. 18).

Tempo Literário

A maioria dos capítulos desta unidade não tem data, continuando a suspensão narrativa entre a primeira deportação babilônica (597 a.C.) e a queda final de Jerusalém (586 a.C.). Uma exceção notável aparece em Ezequiel 20:1, que é cuidadosamente marcado como "o sétimo ano, no quinto mês" (590 a.C.), que é aproximadamente um ano após a visão em Ezequiel 8-11. O cenário, em que os anciãos se aproximam do profeta para consultar YHWH, desencadeia uma das respostas teologicamente mais complexas do pergaminho: uma revisão abrangente das falhas da aliança de Israel, do Egito ao exílio. Este único registro temporal reancora a seção dentro do crescente arco do julgamento, mesmo com os oráculos circundantes à deriva sem ancoragem temporal.

O tempo literário aqui se estende. Não mais guiados pela visão dramática ou pela performance simbólica, esses capítulos adotam um ritmo retórico mais lento. Funcionam quase como disputas prolongadas, nas quais argumentos teológicos são sobrepostos, reiterados e aguçados. O narrador parece aproveitar a ambiguidade temporal como um espaço de liberdade interpretativa, reservando um tempo para dizer o que precisa ser dito antes que a história tome conta do público.

Esse ritmo desacelerado não diminui a urgência. Em vez disso, a reformula. Esses oráculos não devem ser lidos como reflexões pós-queda. Em vez disso, eles se desdobram na sombra da catástrofe, proferidos enquanto a perda ainda é iminente, não depois de ela ter sido percebida. Suas vozes são sóbrias, sem pressa, mas firmes porque oferecem Uma espécie de testemunha pré-traumática. A tarefa profética nesta janela não é reparar, mas nomear. Não acalmar, mas expor. Ezequiel 12–23 torna-se, assim, um corredor suspenso de confronto teológico: o tempo desacelera, mas a pressão aumenta.

Fluxo Comunicativo

Em Ezequiel 12–23, a estrutura comunicativa intensifica a assimetria já introduzida anteriormente: Deus fala com mais urgência, Ezequiel atua de forma mais dramática e o público se retrai ainda mais na ausência narrativa.

Remetente: YHWH fala com crescente força retórica e frustração. O tom torna-se mais severo, mas o modo permanece unilateral. Mesmo quando os oráculos citam a fala humana, ela é enquadrada em uma citação divina apropriada para repreensão, sem espaço dialógico.

Mensageiro: Ezequiel continua a mediar mensagens divinas, principalmente por meio de crítica corporificada, em vez de proclamação direta. Esta unidade inclui uma das concentrações mais densas de execuções proféticas relatadas, todas em Ezequiel 12. A primeira encenação (descrita e explicitamente realizada [12:7]) retrata o exílio geral do povo. A segunda e a terceira, reveladas no dia seguinte, dramatizam simbolicamente a fuga desesperada do Rei Zedequias e sua queda iminente. Embora apenas o primeiro ato seja narrativamente confirmado, todos os três carregam propósitos narrativos distintos: chocar, interpretar e predizer. Essas execuções não verbais (especialmente quando combinadas com atos de comer [por exemplo, 12:18]) podem demonstrar como o próprio corpo do profeta se torna um meio de julgamento.

Destinatário: O público permanece em grande parte indefinido. Embora os oráculos frequentemente se dirijam à "casa de Israel", raramente incluem reações em tempo real. Quando os anciãos aparecem (por exemplo, Ezequiel 14; 20), são retoricamente ignorados. Suas perguntas não são respondidas; são transformadas em acusações. Em vez de lhes ser permitido falar, são mencionados e incorporados à estrutura acusatória de YHWH.

Lacunas narrativas: Sinais encenados são descritos, mas raramente resolvidos dentro da narrativa. A percepção do público é presumida, mas não registrada. Nenhuma transformação comunitária ocorre. O que resta é um pergaminho estruturado por iniciativa divina e desempenho profético, mas ainda suspenso sem recepção confirmada.

Forma e Gênero

Esta unidade exibe algumas das formas literárias mais diversas e complexas de Ezequiel.

Ação Simbólica: O Capítulo 12 dramatiza o exílio por meio do ritual de Ezequiel de fazer as malas dia e noite.

Alegoria: Os capítulos 16 e 23 apresentam personificações estendidas de Jerusalém e Samaria como irmãs promíscuas (Oolá e Oolibá).

Parábola Real com Camadas Interpretativas: O Capítulo 17 apresenta uma alegoria semelhante a uma fábula de duas águias e uma videira. À primeira vista, reflete a política internacional (Babilônia, Egito e Judá), mas sua conclusão interpretativa reformula a narrativa teologicamente, expondo a violação da aliança por Judá e reforçando a soberania divina.

Disputa Teológica: O Capítulo 18 apresenta uma refutação direta do provérbio sobre a culpa geracional, afirmando a responsabilidade individual.

Lamento: O canto fúnebre do capítulo 19 para a casa real, usando uma metáfora animal, evoca o colapso dinástico sem invocar esperança.

Recitação Histórica e Parábola da Aliança: O capítulo 20 oferece um longo ensaio histórico que reinterpreta o passado de Israel através de uma lente de aliança. A estrutura é triádica: no Egito (20:5-9), no deserto (20:10-26) e na terra (20:27-29), cada movimento marcado pela graça divina e pela rebelião humana. Este ensaio não apenas reformula o exílio atual como uma continuação do julgamento no deserto, mas também antecipa a restauração. No entanto, a falha retórica desse modo é ressaltada no versículo final (20:49), onde Ezequiel lamenta que o povo o zombe como meramente "alguém que fala por parábolas". Mesmo dentro da persuasão divina, a ruptura comunicativa persiste.

Símbolos e palavras-chave

Muro e Escavação (Ezequiel 12:3-7): Ezequiel é instruído a encenar um drama de exílio, empacotando seus pertences e cavando através de um muro à vista de todos. O "muro" simboliza a frágil fronteira entre a ilusão de segurança e o colapso iminente. O ato de cavar através do muro prefigura a tentativa de fuga noturna do rei Zedequias durante o cerco final. de Jerusalém (cf. 2 Reis 25:4-5; Jer. 39:4). Ele é o "príncipe de Jerusalém" mencionado em Ezequiel 12:10, que tentará fugir, mas será capturado e cegado, cumprindo o oráculo que ele seria ser levado para Babilônia mas não veja isso (Ezequiel 12:13).

Muro Caiado (Ezequiel 13:10-15): A metáfora do muro caiado critica as mensagens de falsos profetas, provavelmente aqueles em Jerusalém ou entre os exilados, que proclamam a paz quando a destruição é iminente. O muro é pintado para parecer estável, mas suas falhas estruturais garantem o colapso. A imagem destaca o engano teológico e a negação da iminência julgamento.

Irmãs Samaria e Jerusalém (Ezequiel 16 e 23): Em um par de alegorias gráficas, Samaria e Jerusalém são retratadas como irmãs chamadas Oolá e Oolibá, representando os reinos do norte e do sul, respectivamente. Sua promiscuidade sexual simboliza alianças políticas com potências estrangeiras (Egito, Assíria, Babilônia) e pacto infidelidade. Esses capítulos não se limitam a moralizar, mas oferecem uma acusação político-teológica da idolatria imperial, ilustrando como a traição se manifesta de maneiras nacionais, espirituais e íntimas.

Águia e Videira (cap. 17): Uma parábola enigmática de traição política, Babilônia e Egito aparecem como impérios que oferecem falsa segurança. Leoa e Filhotes (Ezequiel 19:1-9): A leoa representa Judá como a casa real de Davi, e seus filhotes são reis judeus cativos. O primeiro filhote é provavelmente Jeoacaz (Salum), que foi levado ao Egito pelo Faraó Neco (cf. 2 Reis 23:31-34), e o segundo é Joaquim. exilado para Babilônia depois apenas três meses no trono (2 Reis 24:8-12). Esta lamentação revela a desintegração dinástica: jovens leões criados para governar são, em vez disso, capturados, enjaulados e silenciado.

Funções Temáticas

Os capítulos 12 a 23 aprofundam a intensidade teológica e retórica da mensagem de Ezequiel, expondo tensões que as visões anteriores apenas começavam a articular. Se Ezequiel 4 a 7 se desenvolveu em direção à exposição visionária da profanação em Ezequiel 8 a 11, culminando na profanação do templo, no colapso civil e na partida divina, esta unidade sustenta e intensifica esse arco. Esses capítulos se estendem em direção à frente tempestuosa do capítulo 24, preparando tanto o profeta quanto o leitor para a brecha final em Jerusalém. Nesse sentido, os capítulos 12 a 23 funcionam como uma tempestade teológica que reúne forças: não apenas oferecendo mais julgamento, mas treinando ativamente o público para recebê-lo sem nostalgia ou simpatia equivocada.

Tematicamente, esta seção lida com contradições não resolvidas e provocações divinas. O discurso de responsabilidade versus herança atinge o clímax no capítulo 18, onde o provérbio da culpa geracional é decisivamente derrubado: "A alma que pecar, essa morrerá". Ao mesmo tempo, a misericórdia é adiada e o julgamento divino se acelera, mas a compaixão não é oferecida como contrapeso retórico. Essa assimetria intensifica os desafios emocionais e teológicos do manuscrito.

A frustração divina torna-se cada vez mais audível, especialmente no capítulo 20, onde o ensaio histórico de YHWH se desloca não para a persuasão, mas para a justificação do abandono. A história fracassada da obediência é ensaiada não como prelúdio ao arrependimento, mas como justificativa para o exílio. Da mesma forma, a perturbadora teologia da violência nos capítulos 16 e 23, que é estruturada por metáforas de adultério, infanticídio e brutalidade militar, corre o risco de escândalo teológico. No entanto, esses tropos desmascaram a devastação política e espiritual causada pelos envolvimentos imperiais.

Por fim, o exílio é redefinido como mais do que um castigo: torna-se o colapso da imaginação da aliança. Com reis caídos, cidades personificadas e arruinadas, e a voz divina não correspondida, o texto enquadra o exílio como exaustão teológica. Esses capítulos convidam o leitor não à simpatia por Jerusalém, mas a um acerto de contas com sua profanação. Eles pressionam o público a se perguntar não como lamentar o passado, mas como sobreviver ao seu colapso.

Na sala de aula

Nesta sessão, os alunos analisarão Ezequiel 18 para discutir se a justiça divina se baseia em indivíduos ou na comunidade como um todo. Eles explorarão como a justiça divina se relaciona com a responsabilidade comunitária, especialmente no que diz respeito à culpa coletiva na sociedade. À medida que os participantes discutem, eles examinarão como este capítulo revisa sua compreensão das alianças e os incita a considerar temas como responsabilidade, culpa geracional e escolhas morais.

Próximo, liderar estudantes através um ético leitura da alegoria, com foco particular nos capítulos 16 e 23. Incentive os alunos a desvendar as metáforas em camadas dentro esses textos e refletir sobre como tal imagens amplifica e complica a crítica profética. Será essencial ajudar os alunos a navegar pelas tensões éticas colocadas pelo simbolismo de gênero e violento, convidando-os a questionar não apenas o que o texto significa, mas como ele comunica e em que medida custo.

Para aprofundar suas habilidades interpretativas, os alunos também se envolverão com Ezequiel 17 através da lente da paródia literária e da sátira teológica. Combine este capítulo com charges políticas modernas selecionadas para ilustrar como a metáfora e a crítica funcionam juntas. Use isso como um trampolim para o diálogo sobre o poder retórico da sátira em textos sagrados e como o humor pode carregar o peso do julgamento teológico sem banalizá-lo.

Finalmente, guia estudantes em o criação de um

Linha do tempo visual que relacione os principais eventos históricos, como o reinado de Zedequias, as sucessivas deportações e a queda de Jerusalém, com os oráculos dos capítulos 12 a 23. Esta linha do tempo não deve apenas traçar os eventos, mas também demonstrar visualmente a interligação entre a história e a imaginação profética. Incentive os alunos a anotarem suas linhas do tempo. com chave temas, simbólico atos, e mudanças retóricas, ajudando-os a ver como a mensagem de Ezequiel é inseparável de sua momento.

Insights de Pregação

Pregar Ezequiel 12–23 exige coragem. Esses capítulos não oferecem um encerramento redentor. Convocam a congregação a confrontar o esgotamento teológico, onde promessas se tornam provérbios e a esperança soa como sarcasmo.

Em particular, a acusação de Ezequiel 13 de "paz onde não há paz" desafia os pregadores a resistirem à consolação fácil. O capítulo 18 permite um sermão sobre agência moral, mas com seriedade, não com bajulação. O pregador deve interpretar não apenas o julgamento divino, mas também a decepção divina.

Acima de tudo, estes capítulos são um chamado à integridade. O pergaminho não pergunta: "Você tem esperança?", mas sim: "Você é honesto?".

Ezequiel 24: Julgamento Fervente, Colapso Silencioso

Ezequiel 24 marca um limiar crítico na narrativa profética: o momento em que a condenação de Jerusalém, há muito predita, se torna um fato histórico. O capítulo abre com um oráculo datado do mesmo dia em que o cerco babilônico a Jerusalém começa ("neste mesmo dia" [24:2]), reduzindo a distância entre a fala divina e a catástrofe histórica. O que se segue é a parábola da panela fervente (24:3-14), um símbolo usado anteriormente em Ezequiel 11, mas agora intensificado. Aqui, a panela não contém mais apenas a cidade; ela se torna o local de purificação implacável. Ossos são fervidos, a escória se agarra ao metal e o fogo é atiçado até que a impureza seja exposta e consumida. A metáfora recusa resolução. A panela não é esvaziada; ela é queimada. O julgamento não purifica; ele queima.

No entanto, o calor simbólico do primeiro oráculo dá lugar à desolação emocional do segundo. No mesmo dia, a esposa de Ezequiel morre, e ele é divinamente proibido de lamentar sua perda (24:15-27). Essa ruptura pessoal torna-se uma alegoria nacional: assim como o profeta deve silenciar sua dor, também o povo será silenciado diante da queda de sua amada cidade. O corpo do profeta torna-se a sintaxe do pergaminho; seu silêncio, uma gramática de julgamento. Esse duplo oráculo, violência fervente e lamento reprimido, forma o epicentro teológico e ético de todo o pergaminho. Em um mundo onde a aliança ruiu e a memória falhou, a própria fala se fragmenta. O que não pode ser lamentado deve ser corporificado. O que não pode ser dito deve ser suportado.

Tempo Literário

A fórmula de data em Ezequiel 24:1 ("no nono ano, no décimo mês, no décimo dia do mês") marca um dos registros temporais mais precisos e importantes do livro. Este é o exato dia em que Jerusalém foi sitiada (cf. 2 Reis 25:1), transformando o papel do profeta de predizer para testemunhar. É um pivô narrativo decisivo: a projeção teológica colide com o trauma histórico. O que havia sido visionário, simbólico ou antecipatório agora se torna real, nomeado em sincronia com a catástrofe política.

Este é o único momento na primeira metade do pergaminho em que o tempo profético e o tempo

73

histórico convergem plenamente. Até este ponto, as mensagens de Ezequiel foram proferidas antes do julgamento, pairando em uma atmosfera de advertência suspensa. Aqui, porém, o discurso divino e a violência imperial ocorrem simultaneamente. A linha do tempo retórica se estreita. O profeta não imagina mais a queda; ele habita seu primeiro dia.

Ezequiel 24 funciona, portanto, como um eixo teológico e literário. É a fórmula da data final no arco do julgamento do livro, concluindo uma longa série de oráculos que se estendem de Ezequiel 1 a 23. Ele sela o fim da expectativa profética e abre a porta para consequências irreversíveis. No tempo literário, é tanto a culminância quanto o colapso.

Importante ressaltar que este capítulo também reconfigura o corpo do profeta como um sinal. A morte repentina da esposa de Ezequiel torna-se a última ação simbólica do pergaminho antes da queda, tornando a própria dor indizível. Aqui, o silêncio profético não significa apenas mudez, mas sim a única expressão fiel de um mundo que se desfaz em tempo real.

Este não é mais um espaço para persuasão retórica. Não é um momento para novos avisos. É o dia em que o cerco começa. Qualquer tentativa de ler Ezequiel 24 como uma reflexão pós-queda interpreta mal seu posicionamento narrativo e sua tensão teológica. O profeta fala durante a catástrofe, não depois dela. A voz do pergaminho não é retrospectiva, mas simultânea, testemunhando no exato momento em que a fala cessa e o julgamento chega.

Fluxo Comunicativo

Ezequiel 24 apresenta dois oráculos com dinâmicas comunicativas nitidamente contrastantes. O primeiro, a alegoria da panela fervente (24:3-14), segue o conhecido padrão ezequieliano: o remetente divino emite uma ordem, independentemente de a ação simbólica ser ou não de fato realizada, o texto não a confirma, mantendo assim um deslocamento retórico no qual a audiência ouve uma mensagem não diretamente dirigida a ela. YHWH instrui Ezequiel a "proferir uma parábola para a casa rebelde" (24:3), visando aqueles que ainda estavam na Terra. Embora a ação seja descrita, sua realização permanece não confirmada. No entanto, a mensagem nomeia uma audiência ausente na Terra, deslocando os exilados para o papel de ouvintes cujo engajamento reflexivo é convidado, mas nunca abertamente exigido. Este endereço em segunda pessoa ("vocês") é reservado para os destinatários virtuais, os habitantes de Jerusalém. Essa estratégia retórica, característica marcante do pergaminho, utiliza alvos inalcançáveis para provocar a reflexão teológica naqueles que ainda conseguem ouvir. O público ausente é acusado para que o público presente possa despertar.

Em contraste, a segunda metade do capítulo, a morte da esposa de Ezequiel e a proibição do luto (24:15-27), exibe um triângulo comunicativo incomumente completo. Aqui, o Remetente (YHWH) emite uma ordem imediata e inegociável; o Mensageiro (Ezequiel) personifica a mensagem por meio do sofrimento pessoal; e o Receptor (a comunidade exilada) responde verbalmente. Este é um dos raros exemplos em Ezequiel em que a fala do público é explicitamente narrada: "Não nos dirás o que estas coisas significam para nós?" (24:19). A interação é breve, mas o fato da resposta marca uma mudança. A interpretação não é presumida; é exigida.

Essa estrutura dual dramatiza a tensão entre distância e imediatismo na comunicação profética. O oráculo do caldeirão fervente arde com julgamentos indiretos, apresentando a plateia presente como ouvintes de uma mensagem para outra pessoa. O oráculo da morte da esposa, em contraste, exige alinhamento afetivo: os exilados devem espelhar o silêncio de Ezequiel, absorvendo a catástrofe nacional sem ritual ou lamento. Nesse paradoxo, o pergaminho encena sua própria tensão entre clareza e ocultação. Ele retém a resolução emocional ao mesmo tempo em que oferece clareza teológica.

A narrativa, por fim, constrói o silêncio em sua estrutura. Enquanto o público fala, nenhuma resposta divina é dada. A dor permanece suspensa, não dita, encarnada e à espera de uma palavra futura.

Forma e Gênero

Ezequiel 24 apresenta um híbrido literário impressionante. Abre-se com uma parábola alegórica de uma panela fervente (24:3-14) que evoca e intensifica as imagens anteriores do capítulo 11, agora como uma cena de julgamento inescapável e impureza irreparável. Segue-se um ato-sinal profético, quando a esposa de Ezequiel morre e ele é explicitamente proibido de lamentar (24:15-18). A narrativa então se transforma em um pronunciamento oracular, interpretando a dor privada do profeta como um sinal público: assim como ele deve permanecer em silêncio, também os exilados ficarão atordoados demais com a queda de Jerusalém para realizar ritos comunitários de luto. Essa sobreposição de gêneros intensifica a urgência teológica por meio do silêncio corporificado.

Símbolos e palavras-chave

Ezequiel 24 emprega símbolos que transitam da dor divina para a encarnação profética e, finalmente, para a paralisia comunitária. A panela fervente (24:3-13) retorna de uma imagem anterior, mas agora significa um julgamento irreversível: Jerusalém, como um vaso corroído, não pode ser purificada por meios comuns. A escória enferrujada se apega profundamente, e somente por meio da incineração total a impureza pode ser exposta. Isso prepara o cenário para a ruptura divina.

A morte da esposa de Ezequiel (24:15-18), chamada de "o deleite dos [seus] olhos", reflete a profanação do templo, a morada amada de YHWH. No entanto, Ezequiel é privado do direito de lamentar. Seu silêncio põe em prática a afirmação teológica de que, quando a presença divina se retira, até o lamento deve cessar. Essa proibição se estende ao povo (24:21-24): seus filhos e seu santuário cairão, mas eles não devem chorar.

Este não é o silêncio da apatia, mas da compaixão contida. O que se desenrola é o estágio final da autocontenção divina, o momento imediatamente anterior à lágrima que pode cair, ao suspiro que pode escapar. O Deus de Ezequiel 24 não se mantém impassível; ele transborda de angústia, retendo o consolo para que não interfira no julgamento que agora deve vir. A recusa em lamentar, portanto, não é negação de sentimento, mas a execução da dor divina contida. É como se Deus dissesse: "Segure-a, só mais um pouco; está quase completa". Isso não é crueldade, mas o último contorno da misericórdia: dor deliberadamente adiada para que a justiça possa ser plenamente vista. Lamentar cedo demais diminuiria o peso do que deve ser enfrentado. Portanto, o silêncio de Ezequiel espelha o de Deus, uma pausa exausta, mas deliberada, antes do próximo ato de restauração.

Funções Temáticas

Ezequiel 24 se apresenta como o limiar teológico e narrativo de todo o rolo, um ponto de articulação onde o julgamento divino atinge seu ponto de saturação e a ruptura há muito preparada se torna irreversível. O pote em chamas (vv. 3-14), a morte da esposa do profeta (vv.

77

15-24) e a profanação do templo (v. 21) marcam coletivamente a incineração do que outrora possuía significado sagrado. Estes não são gestos simbólicos à distância; são atos nos quais o próprio YHWH está profundamente envolvido. Deus ordena, mas Deus também se entristece. A iniciativa divina perfura seu próprio corpo, destruindo o santuário, levando a esposa de Ezequiel e não oferecendo espaço para o luto, não porque Deus esteja intocado, mas porque está totalmente envolvido. YHWH aqui emerge como um reformador ferido, disposto a devastar o que antes habitava para abrir espaço para que algo sagrado comece de novo.

Este capítulo torna o discurso profético eticamente ambíguo. Será compassivo nomear o sofrimento quando até mesmo o sofrimento deve ser contido? Ezequiel se torna o receptáculo da contenção divina, sentindo a perda, mas proibido de processá-la. Seu corpo silenciado substitui o oráculo falado. O próprio pergaminho imita a lógica desse sofrimento, que é silenciado, distorcido, suspenso. Não há súplica, lamento ou retorno oferecido aqui, apenas ruptura, comando e a dor divina que os sustenta a todos. Isso ainda não é recriação, mas é seu terrível limiar.

Na sala de aula

Laboratório Exegético: Compare a panela fervente em Ezequiel 24 com aquela em Jeremias 1. Como cada profeta utiliza calor, metal e impureza para enquadrar a ação divina?

Pedagogia do Trauma: Convide à discussão como os textos teológicos lidam com o trauma comunitário sem linguagem. Qual é a ética do silêncio profético?

Leitura Encarnada: Designe um aluno para ler as linhas de Ezequiel em 24:15-18 sem emoção. Qual é a sensação de "executar" o luto divino sem lamentação?

Insights de Pregação

Para pregar Ezequiel 24 é para urso testemunha para silêncio. Não para explicar o sofrimento, mas para marcá-lo. O pregador aqui não é uma voz de clareza, mas um guardião de ruptura.

A morte da esposa de Ezequiel, um horror pessoal que se tornou um sinal nacional, força a congregação a ver a dor que tem não tomada. Esse é não um sermão para conforto. É uma liturgia de testemunho atordoado, onde a esperança deve espere atrás da cortina do divino ausência.

A mensagem não é que Deus se foi, mas que mesmo Deus às vezes retenções pesar até o julgamento é completamente visto. Pregadores fazer não resolver esse tensão. Eles guardam e dão nome a ele sagrado.

Ezequiel 25–32: Nações estrangeiras como espelho de Israel

Entre a queda iminente de Jerusalém (capítulo 24) e o renascimento do discurso profético dirigido a Israel (capítulo 33), Ezequiel desloca seu foco para o exterior. Ou será que não? Os capítulos 25 a 32 apresentam os oráculos de YHWH contra várias nações estrangeiras (Amon, Moabe, Edom, Filístia, Tiro, Sidom e Egito), mas seu propósito subjacente é mais sutil. Esses capítulos funcionam como um espelho retórico: os julgamentos de Deus contra "os outros" servem para reformular o conceito de justiça divina para Israel. A narrativa, anteriormente centrada na corrupção de Jerusalém, agora utiliza as nações como um contraste reflexivo, oferecendo comentários indiretos e insights teológicos.

Tempo Literário

Esses capítulos abrangem o período de 587 a 571 a.C., começando após o cerco de Jerusalém (Ezequiel 24:2) e, em sua maioria, precedendo o anúncio da queda da cidade em Ezequiel 33:21. Embora alguns oráculos, como o de Ezequiel 29:17, tenham sido proferidos muito mais tarde, o livro os situa em uma janela narrativa suspensa entre o julgamento e a restauração.

Excepcionalmente para o livro, muitos desses oráculos são datados com precisão, criando uma superfície cronológica que parece estável e linear. No entanto, sua função no tempo literário é muito mais complexa.

Esta seção serve como uma suspensão narrativa deliberada, um alargamento do hiato interpretativo entre o momento da catástrofe e o momento em que ela é publicamente confirmada. Enquanto o leitor aguarda notícias sobre o destino de Jerusalém, a passagem direciona a atenção para outro lugar: para as nações. Os oráculos contra Amom, Moabe, Edom, Tiro, Egito e outros não apenas desviam a atenção; eles a reformulam. O narrador parece desacelerar o leitor, alongando o tempo narrativo para permitir uma reorientação teológica.

Nesse intervalo, a destruição de Jerusalém não é esquecida, mas sim refratada. Do ponto de vista do julgamento internacional, a queda de Israel é inserida em um mapa mais amplo da justiça divina. A soberania de YHWH não se limita a Sião; ela se expande para além das fronteiras. Dessa forma, os oráculos contra as nações oferecem mais do que polêmica; eles criam um campo interpretativo no qual o trauma da queda de Jerusalém pode ser lido como parte de um movimento teológico mais amplo.

O pergaminho não se apressa em direção à restauração. Ele mantém o leitor nesse tempo suspenso, convidando-o a reconsiderar o significado do julgamento, não como uma punição isolada, mas como parte de uma purificação divina que envolve todas as nações. O profeta silencia sobre o desfecho de Jerusalém, mas o silêncio é estratégico. Quando a notícia da queda finalmente chega em Ezequiel 33:21, o leitor já recebeu espaço, não apenas para absorver o julgamento, mas para reimaginar seu alcance.

Fluxo Comunicativo

Em Ezequiel 25–32, o profeta profere uma série de oráculos ostensivamente dirigidos a nações estrangeiras (Amon, Moabe, Edom, Filístia, Tiro, Sidom e Egito). Superficialmente, esses discursos parecem ser denúncias diplomáticas ou condenações geopolíticas. No entanto, a estrutura comunicativa revela algo mais sutil e introspectivo. As nações abordadas não estão presentes, nem há qualquer resposta registrada delas. Sua função retórica não é participativa, mas ilustrativa. Esses oráculos operam como atos de fala retoricamente deslocados: são proferidos contra outros distantes, mas elaborados para a reflexão ética e teológica daqueles próximos, os exilados na Babilônia.

Nesse sentido, o verdadeiro público não são as nações, mas Israel. Deus fala por meio de Ezequiel "a" reis, cidades e impérios estrangeiros, mas de uma forma que atrai Israel para a escuta. A voz profética funciona quase como ventriloquismo teológico: a fala divina é lançada para fora, apenas para retornar como um bumerangue como pedagogia moral. As nações se tornam espelhos distorcidos, refletindo o orgulho decaído, a idolatria e a confiança equivocada de Israel.

YHWH continua sendo o remetente, dirigindo-se às nações por meio da imaginação oracular de Ezequiel. O próprio profeta não viaja para o exterior nem entrega essas mensagens pessoalmente; em vez disso, ele fala sobre as nações aos exilados. Embora essa transmissão seja textualmente ambígua, permanece incerto se esses discursos foram realmente proferidos em voz alta em ambientes comunitários.

Assim, embora os destinatários formais desses oráculos sejam potências estrangeiras, os destinatários funcionais são os deslocados de Israel. Os oráculos desestabilizam as premissas da superioridade moral de Israel, mostrando que outras nações também são julgadas não pela infidelidade à aliança, mas pelo orgulho, pela violência e pela exploração. A mensagem não é triunfalismo, mas alinhamento: a justiça de Deus é universal e o sofrimento de Israel não é único.

Nessa lógica comunicativa, o profeta se torna um agente de palco, falando "aos outros" para pastorear sua própria comunidade rumo à recalibração teológica. O público exilado deve aprender a ouvir o julgamento estrangeiro como uma revelação autoimplicativa.

Forma e Gênero

Ezequiel 25–32 utiliza uma gama diversificada de formas literárias para pronunciar julgamentos sobre nações estrangeiras. Oráculos de aflição expressam a denúncia divina na forma de lamentação, frequentemente dirigida a cidades específicas como Tiro (Ezequiel 27) e Egito (Ezequiel 32). A paródia mítica intensifica a força retórica: o rei de Tiro é retratado como uma figura edênica decaída (28:11, 19), enquanto o Faraó é comparado a um monstruoso dragão marinho (29:3; 32:2), evocando tanto arrogância quanto caos. Cantos fúnebres e lamentos intensificam ainda mais a mensagem. Por exemplo, o capítulo 27 exalta a elegância marítima de Tiro antes de narrar seu naufrágio simbólico, enquanto os capítulos 30 a 32 lamentam a queda do Egito por meio de motivos fúnebres reais.

Esses gêneros são enquadrados em discursos de

julgamento profético mais amplos, onde cada nação é nomeada por seu orgulho, violência ou traição contra Israel. A arte literária desses capítulos torna a ruína estrangeira tanto triste quanto instrutiva, convidando o público exilado a discernir a justiça divina não por meio do triunfalismo, mas por meio de uma dor estilizada que reforça a reorientação da aliança.

Símbolos e palavras-chave

Os oráculos de Ezequiel contra as nações são ricos em imagens e metáforas míticas, transformando o julgamento histórico em poesia teológica. Os símbolos a seguir ilustram como os impérios caem não apenas por meio da política, mas também pela desintegração cósmica e moral.

Monstro Marinho (*tannîn*): O faraó é imaginado como um crocodilo ou dragão do caos em o Nilo (29:3). Esse símbolo liga o Egito imperial à desordem primordial, relembrando as batalhas cósmicas da criação mitos.

Naufrágio (Tiro): O grande império comercial é comparado a um belo navio naufragado no mar (27:25-36). Sua queda dramatiza a fragilidade da economia global e o orgulho humano.

Cajado de Junco (29:6-7): O Egito é retratado como um aliado pouco confiável. O apoio prometido se rompe e fere. Essa metáfora vincula a crítica profética à erosão da confiança geopolítica.

Poço (*Sheol*): O capítulo 32 cataloga a descida do Egito ao submundo junto com outras nações caídas, uma lista assustadora de arrogância imperial reprimida.

Funções Temáticas

Ezequiel 25–32 funciona não apenas como uma denúncia de nações estrangeiras, mas também como uma forma de reorientação teológica para Israel. Em

83

certo nível, esses oráculos afirmam a vindicação divina: a justiça de YHWH não é paroquial ou tribal. Assim como Jerusalém caiu por traição à aliança, também Amom, Moabe, Edom, Tiro, Sidom e Egito são julgados por arrogância, oportunismo ou exploração. O princípio não é étnico, mas ético. Essa paridade teológica desafia qualquer suposição persistente de que o sofrimento de Israel seja único ou imerecido. Mais sutilmente, esses oráculos operam como espelhos indiretos: a grandeza de Tiro e do Egito é descrita em tons líricos e até de admiração, mas, em última análise, é desmantelada. Dessa forma, Ezequiel critica não apenas as nações, mas também as próprias ilusões de excepcionalismo de Israel, alertando os exilados contra a nostalgia equivocada ou a inveja imperial.

Por meio de sua queda, YHWH recentraliza a narrativa: o verdadeiro soberano da história não é Babilônia, nem Faraó, mas somente YHWH. Poderes políticos ascendem e caem, mas a soberania divina permanece constante. Esses oráculos tornam-se, assim, pedagógicos, treinando Israel a reconhecer o julgamento não como algo aleatório, mas como uma lógica de aliança aplicada a todas as nações, incluindo a sua própria.

Na sala de aula

Mapeando Impérios: Peça aos alunos que tracem o contexto geográfico e histórico de cada oráculo. Como o espaço funciona retoricamente?

Mito na Profecia: Analise os motivos edênico e leviatânico. Como esses símbolos remodelam as histórias nacionais?

Lamento Literário: Designe alunos diferentes para lerem em voz alta os cânticos fúnebres dos capítulos 27, 30 e 32. Discuta o papel do luto estilizado no julgamento.

Pregar com base em Ezequiel 25–32 é arriscar-se a ser desviado, e esse é o ponto. Esses capítulos parecem ter como alvo "os outros", mas, na verdade, são voltados para dentro. Eles ensinar que crítica é mais seguro quando distante, mas mais necessário quando aproximar.

O pregador deve resistir ao uso desses textos para reforçar o triunfalismo nacionalista ou moral superioridade. Em vez disso, são ferramentas de humildade. A ascensão e queda das nações não são apenas uma lição histórica; é uma lição teológica. O julgamento não é uma demonstração de poder; é um espelho que exige uma resposta.

Ezequiel 33–34: O Colapso de Silêncio e o Descida do Pastor

Ezequiel 33–34 representa um limiar crucial na teológico e literário arquitetura de o livro. A notícia, há muito adiada, da queda de Jerusalém finalmente chega não como uma surpresa, mas como a confirmação de um aviso profético, marcando o colapso do silêncio imposto e a reanimação da fala divina. No entanto, o momento é tudo menos comemorativo. Em vez de vindicação por meio do arrependimento, Ezequiel encontra uma comunidade que ouve, mas não responde, admira, mas não obedece. Neste espaço liminar entre a catástrofe e restauração, a voz profética é reformulada: não mais um arauto do julgamento, Ezequiel se torna uma testemunha da ruína e um conduíte para inesperado compaixão. O que segue uma das mudanças teológicas mais radicais do livro. YHWH's decisão de pastorear o povo diretamente. Juntos, esses capítulos oferecem não apenas uma articulação literária, mas uma reviravolta teológica,

85

onde a presença divina reentra na história não por meio de estruturas, mas por meio intimidade.

Tempo Literário

Esta seção abre com um registro temporal crucial: "No décimo segundo ano do nosso exílio, no décimo mês, no quinto dia..." (Ezequiel 33:21). Um fugitivo chega de Jerusalém, trazendo a notícia há muito aguardada: a cidade havia caído. Embora a destruição tivesse ocorrido mais de um ano antes (586 a.C.), este relato tardio, narrativamente situado em 585 a.C., marca muito mais do que uma atualização histórica. Ele sinaliza o fim do suspense profético e o início de uma nova fase teológica.

O versículo seguinte anuncia uma mudança profunda: "A minha boca se abriu, e já não fiquei mudo" (33:22). Este momento encerra o silêncio imposto em Ezequiel 24 e inaugura um tipo diferente de papel profético. Ezequiel não é mais um vigia alertando sobre o desastre iminente; ele se torna uma testemunha das consequências, comissionado para falar em um espaço já esvaziado pelo julgamento. A urgência que antes se inclinava para a frente agora se inclina para baixo, em direção à responsabilização, à restauração e à redefinição pastoral.

No entanto, a recomposição não se precipita em conforto. O que se segue em Ezequiel 33-34 não é uma esperança triunfal, mas um confronto sóbrio. Deus fala novamente, não para proferir novos julgamentos, mas para reivindicar a responsabilidade pelo rebanho disperso. Os oráculos pastorais de Ezequiel 34 marcam uma transição crucial: a fala divina agora reúne em vez de dispersar. Ainda presa à memória da devastação, esta seção inicia uma mudança da exposição profética para a reconfiguração redentora.

No tempo literário, Ezequiel 33-34 constitui a articulação entre o silêncio catastrófico e a renovação construtiva. Abre o espaço pós-cerco sem consolo imediato nem alívio retórico, mas com o trabalho lento e deliberado de restauração por meio da responsabilidade. Isso ainda não é uma restauração propriamente dita, mas é a limpeza do terreno, uma abertura que só se torna possível depois que o colapso é nomeado e suportado.

Cronologia: Da Deportação à Queda (597-586 a.C.)

Ano (AEC)	Referência de Ezequiel	Evento	Colocação Literária
597 a.C.	Início do exílio (cf. Ez 1:2)	Primeira deportação babilônica (Joaquim exilado)	Contexto do chamado profético de Ezequiel
592 a.C.	5º ano de exílio (1:2)	Visão inaugural de Ezequiel no canal de Quebar	Ezequiel 1-3
591 a.C.	6º ano (8:1)	Visão do Templo de Jerusalém	Ezequiel 8-11
590 a.C.	7º ano (20:1)	Anciãos questionam; revisão histórica da rebelião	Ezequiel 20
588 a.C.	9º ano, 10º mês, 10º dia (24:1-2)	O segundo cerco babilônico começa	Ezequiel 24
586 a.C.	11º ano (cf. 2 Reis 25:2-4)	Jerusalém caiu (templo destruído)	O evento ocorre; ainda não foi relatado.
~585 a.C.	12º ano, 10º mês, 5º dia (33:21)	Fugitivo chega à Babilônia com notícias da queda	Ezequiel 33:21-22: ponto de virada do discurso

Fluxo Comunicativo

Ezequiel 33-34 representa uma mudança completa na comunicação profética: no capítulo 33,

Ezequiel é reconduzido como vigia, não para avisar sobre o que está por vir, mas para interpretar o que já aconteceu. A reação atônita do povo ("Como podemos viver?" 33:10) revela uma crise existencial. No entanto, sua resposta final é preocupante: "Eles ouvir seu palavras mas fazer não os faça... para eles, você é como alguém que canta canções de amor com uma bela voz." (33:32)

O profeta se torna música de fundo. Sua realização é estetizada, não atendida. No capítulo 34, a voz divina alcança todos os intermediários humanos. Pastores (reis, sacerdotes, profetas) são acusados de predadores.

"Eu mesmo buscarei as minhas ovelhas." (34:11) Nesse realinhamento radical, Deus se recusa a delegar. A comunicação torna-se direta, compassiva e soberana. YHWH não nomeia novos líderes; YHWH os substitui. Onde a liderança humana falhou, a presença divina desce. Em relação ao fluxo da comunicação, os leitores provavelmente reconheceriam essa mudança significativa, mas ainda não se sabe se o público imediato a compreende.

Forma e Gênero

Ezequiel 33–34 constitui um eixo literário e teológico central dentro do rolo, combinando diversos gêneros para marcar a transição do julgamento para a restauração. Ezequiel 33 abre com uma metáfora jurídico-teológica: o profeta é novamente apresentado como um vigia (vv. 1–9), responsável não pelos resultados, mas pela advertência fiel. Essa metáfora é seguida por uma disputa ética (vv. 10–20), onde a justiça divina é defendida contra acusações comuns de injustiça, um raro momento em que o raciocínio teológico é encenado diretamente. O capítulo então atinge seu clímax narrativo (vv. 21–22), com a chegada do fugitivo de Jerusalém e o fim do silêncio prolongado de Ezequiel. A seção se encerra com uma sátira profética (vv. 30–33), onde o público exilado é acusado de tratar as mensagens de Ezequiel como entretenimento, expondo a tênue linha entre o fascínio e o descaso.

O capítulo 34 se transforma dramaticamente em um processo judicial por aliança (rîb) contra os líderes de Israel, reinterpretando os reis como pastores fracassados que consomem em vez de proteger (vv. 1-10). Em resposta, YHWH emite um oráculo real-pastoral (vv. 11-31), declarando que Ele mesmo buscará, resgatará e cuidará das ovelhas dispersas. Baseando-se na ideologia real do Antigo Oriente Próximo, onde os reis são frequentemente intitulados "pastores", Ezequiel subverte o tropo: YHWH não governa de um trono, mas desce ao campo, personificando a realeza divina como cuidado íntimo em vez de soberania distante.

Símbolos e palavras-chave

O vocabulário simbólico de Ezequiel 33–34 cristaliza a mudança teológica do colapso para a recuperação divina, marcando uma mudança de registro do julgamento para a intimidade restauradora.

Atalaia (צָפָה / ṣāpāh): Inicialmente uma figura de previsão (cf. Ezequiel 3:17), a atalaia é agora reintroduzida como testemunha das consequências (Ezequiel 33:1-9). O fardo simbólico mudou de alertar sobre o futuro para interpretar as consequências. Essa mudança sutil ecoa a própria transição do profeta, de um alerta silencioso para uma articulação pós-catástrofe.

Pastores: Líderes humanos são retratados como negligentes e predadores. Eles alimentam a si mesmos, mas não ao rebanho, expondo uma distorção da vocação política e espiritual. Seu silêncio corrupto contrasta fortemente com a voz autodeclarada de YHWH: "Eu mesmo buscarei as minhas ovelhas" (34:11). A abdicação fracassada dos pastores torna-se o pano de fundo para a intervenção divina.

Rebanho / Ovelhas Dispersas: O povo é descrito como vulnerável, exilado e desprotegido, simbolizando mais do que a dispersão física. São órfãos espiritualmente, presos entre a liderança abandonada e a recuperação divina.

Nuvem e escuridão espessa (עָנָן וַעֲרָפֶל / ʿānān wa-ʿărāpel): Esses termos outrora transmitiam a inacessibilidade divina, como em Êxodo 20:21, onde Moisés se aproxima de Deus na obscuridade. Mas em Ezequiel 34:12, essa mesma imagem é invertida: YHWH atravessa a nuvem e a escuridão espessa "em um dia de nuvens", para resgatar os dispersos. Essa inversão implica que YHWH permaneceu oculto por muito tempo, voluntariamente contido em tristeza e julgamento, até que chegasse o momento da busca divina. Essa descida não é casual. Ela evoca uma teologia de contenção autoimposta, na qual Deus rompe camadas de contenção divina, tornando esse ato de resgate um momento de profunda intimidade. Ela se aproxima do registro teológico da encarnação não na forma, mas no custo emocional e ético.

Canção adorável (שִׁיר עֲגָב / šîr ʿēḡeb): Em Ezequiel 33:32, as palavras do profeta são recebidas não como um chamado ao arrependimento, mas como uma performance. O povo aprecia sua voz "como alguém que canta canções de amor", mas não age. Esta imagem denuncia o esteticismo religioso: onde a verdade é admirada, mas não obedecida, e onde o profeta se torna espetáculo em vez de provocador moral.

Funções Temáticas

Ezequiel 33–34 marca um ponto crucial no movimento teológico do manuscrito. Antes do ponto de

90

virada, recebemos uma justificativa final para o julgamento (33:1-20) e um encorajamento inesperado: o arrependimento ainda é recebido com prontidão divina. Esses oráculos não justificam simplesmente o passado; eles buscam dignificar a ação moral do ouvinte mesmo após a catástrofe.

Então, nos versículos 21-22, chega o ponto de virada: um fugitivo de Jerusalém relata sua queda, e a boca de Ezequiel se abre. Este momento marca mais do que uma mudança narrativa; constitui uma segunda missão profética. Não mais preso ao silêncio, Ezequiel passa da previsão para a interpretação. A realidade exílica não precisa mais ser prevista. Agora, precisa ser compreendida.

Surpreendentemente, essa recomissionamento não resulta em obediência imediata. O povo permanece rebelde, descrito em 33:31-32 como ouvintes que apreciam a voz de Ezequiel, mas ignoram suas palavras. Apesar disso, Deus não responde com um julgamento renovado. Em vez disso, a iniciativa divina se aprofunda em outra direção.

O capítulo 34 não começa com o povo, mas com seus líderes. O oráculo da acusação tem como alvo os pastores de Israel, figuras que falharam em proteger, alimentar ou curar. Mas, diferentemente das acusações anteriores, esta é imediatamente seguida por uma substituição. Deus se tornará o pastor. Isso sinaliza uma reconfiguração teológica: a agência divina não mais operará por meio de intermediários falidos. Ela agirá diretamente.

Ao mesmo tempo, o povo também é transformado, não por seus esforços, mas pela promessa divina. Eles serão reunidos, restaurados e receberão "um novo coração" (cf. 36:26). Ao final do capítulo, o que é assegurado não é a restauração territorial ou a reconstrução política, mas a reconciliação relacional. O pastor encontra as ovelhas. Ele cura as feridas, traz descanso aos dispersos e lhes promete paz.

Assim, a função temática de Ezequiel 33–34 é marcar o movimento do rolo do silêncio à fala, do exílio à iniciativa, do colapso à renovação da aliança. Não revertendo o tempo, mas retomando o relacionamento.

Na sala de aula

Dramatização Dialógica: Divida os alunos em grupos: pastores fracassados, ovelhas dispersas e o Pastor divino. Deixe que cada grupo reflita sobre suas próprias teologias de abandono, fracasso e esperança. Pergunte o que significa ser encontrado quando você para de pedir para ser resgatado?

Exercício de Contraste Textual: Compare Ezequiel 33:32 ("canção adorável") com Ezequiel 34:11–16 ("Eu mesmo buscarei…"). O que cada um revela sobre o natureza e risco do divino comunicação?

Mapeamento da Linha do Tempo Teológica: Peça aos alunos que construam uma linha do tempo conectando a queda de Jerusalém, a retomada do ministério de Ezequiel e a descida do Pastor. Marquem quando o silêncio reinou e quando foi quebrado não apenas no tempo, mas também no tom.

Sugestão de reflexão ética: "Se Deus lidera como Ezequiel 34, que tipo de liderança devemos uns aos outros?" Incentive os alunos a considerarem a liderança espiritual no exílio, quando as instituições entram em colapso e a fala precisa recomeçar.

Insights de Pregação

Pregar Ezequiel 33–34 é falar dos destroços, não como um triunfo, mas como uma interrupção sagrada. O profeta não é justificado pela resposta, mas pela verdade que carregou em silêncio. E quando Deus fala novamente, não é para redistribuir papéis, mas para chegar pessoalmente.

"Eu os resgatarei de todos os lugares para onde foram espalhados num dia de nuvens e densas trevas." (34:12) Aqui, o pregador é desafiado a proclamar não o arrependimento do povo, mas o movimento implacável do Pastor: o rebanho não clama. O Pastor se move primeiro. A escuridão não é dissipada, ela é penetrada. Que tipo de Deus busca os perdidos antes que eles percebam que estão desaparecidos? Que tipo de pregador ousa falar quando ninguém ouve, e ainda assim não consegue parar porque Deus falou novamente?

Ezequiel 35-36: Duas Montanhas, Um Futuro Julgamento, Silêncio e a Geografia da Restauração

Em Ezequiel 35–36, o livro vira de julgamento individual à transformação espacial. Em vez de se dirigir diretamente às pessoas, Deus agora fala às paisagens. Duas montanhas (o Monte Seir e as Montanhas de Israel) são apresentadas como teologias opostas. agentes: um condenado, o outro chamado a florescer. Esses capítulos preparam o solo, tanto literal quanto teologicamente, para o retorno dos ossos secos ressuscitados no capítulo 37. Nessa transição, Ezequiel enfatiza a iniciativa divina em detrimento do arrependimento humano e se concentra na recriação por meio da geografia santificada, em vez do retorno a Jerusalém.

Tempo Literário

Não há fórmulas de data precisas nesta seção. Ainda assim, seu posicionamento é estratégico: segue a queda relatada de Jerusalém (Ezequiel 33-34) e precede imediatamente a restauração visionária do povo em Ezequiel 37. A narrativa, portanto, flutua em um estado de suspensão pós-catastrófica, enfatizando a sequência teológica em vez dos detalhes cronológicos. O que emerge aqui não é um momento no tempo, mas uma reordenação espacial e simbólica.

Esta sequência ecoa o padrão de Gênesis 1–2: o espaço deve ser ordenado antes que a vida possa habitá-lo. A terra deve ser abordada antes que o povo retorne. Em Ezequiel 36, as montanhas de Israel são personificadas como testemunhas do julgamento, da profanação e da renovação futura. A ausência de diálogo humano é impressionante; YHWH fala à terra, não por meio do povo. A restauração começa sem iniciativa humana, sugerindo que a própria terra guarda a memória da aliança e carrega o trauma do abandono.

O oráculo anterior contra o Monte Seir (Ezequiel 35) reforça essa lógica espacial-teológica: a violência oportunista de Edom é condenada precisamente por violar o tempo sagrado do julgamento divino. Em contraste, as montanhas de Israel são preparadas para a renovação, não por causa da retidão de seu povo, mas por causa do nome de YHWH. O tempo é suspenso aqui não porque nada esteja acontecendo, mas porque algo fundamental está sendo depositado sob a superfície: um terreno capaz de conter a graça.

No tempo literário, Ezequiel 35–36 oferece uma redefinição teológica. Adia a restauração do povo de Israel, atentando primeiro para a condição de sua terra, sua profanação, seu silêncio e seu potencial. O que parece passivo é profundamente preparatório. Somente depois que a terra for abordada, curada e reafirmada em alinhamento com a aliança, os ossos serão recolhidos e o fôlego retornará.

Fluxo Comunicativo

Em Ezequiel 35-36, a estrutura comunicativa muda notavelmente: YHWH não se dirige às pessoas diretamente, mas sim ao próprio terreno. O profeta

Ezequiel não funciona como um persuasor de ouvintes humanos, mas como uma presença mediadora, posicionando-se entre a fala divina e um público indiferente. Os destinatários desses oráculos não são indivíduos ou nações, mas paisagens simbólicas: o Monte Seir (representando Edom) e as Montanhas de Israel.

Essa estratégia retórica opera por meio do deslocamento proléptico. Embora a linguagem vise as formas de relevo, o verdadeiro público é a comunidade exilada, que é implicitamente convidada a ouvir. Na ausência de resposta humana direta, o terreno torna-se um ouvinte substituto, uma tela na qual o julgamento divino e a esperança são projetados. Por meio dessa mudança, a terra assume um duplo papel: sermão e santuário, absorvendo a intensidade emocional das palavras de Deus e refletindo a condição espiritual do povo.

Ao falar às montanhas, YHWH paradoxalmente fala àqueles que habitam longe delas. O público exilado é assim reorientado, não por ser abordado, mas por testemunhar a voz de Deus recuperando e reaproveitando o próprio solo que outrora os havia rejeitado. Nesse momento de silêncio teológico, a terra se torna eloquente.

Forma e Gênero

Ezequiel 35–36 emprega uma justaposição literária impressionante: os oráculos contra o Monte Seir (Edom) no capítulo 35 formam um processo de aliança (rîb), enquanto o capítulo 36 transita para uma profecia lírica repleta de motivos de restauração. Os gêneros são deliberadamente encenados: Ezequiel 35 é um discurso acusatório de hostilidade ancestral, ecoando textos como Obadias e Salmo 137, onde a traição de Edom durante a queda de Jerusalém é reformulada como inimizade teológica. A acusação é formulada não apenas contra a violência de Edom, mas também contra sua exultação, o pecado de assumir a posse de terras que pertencem a YHWH.

Ezequiel 36, por outro lado, é uma cascata poética de discurso generativo. Ele se move do desprezo ao solo, da esterilidade à fecundidade, da vergonha à recriação. A voz profética muda de litigar a violência inimiga para prometer renovação interna. A própria terra se torna tanto audiência quanto agente: "Mas vocês, montes de Israel..." (36:8). Essa personificação da paisagem cria uma ecologia profética, onde a geografia deixa de ser um pano de fundo neutro para se tornar uma parceira ativa na reparação da aliança.

Juntos, os dois capítulos dramatizam uma inversão teológica: uma montanha é silenciada por excessos, enquanto a outra é revivida para receber exilados. A transição do gênero, do rîb para a recriação, traça a intenção divina não apenas de julgar a injustiça, mas de cultivar a possibilidade.

Símbolos e palavras-chave
Ezequiel 35–36 reconfigura o imaginário geográfico e relacional de Israel ao atribuir significado moral a montanhas e nomes. Esses elementos simbólicos codificam traumas históricos, intenções divinas e esperança escatológica dentro da própria terra.

Monte Seir (Edom): Parentes se tornaram inimigos. Seir se torna um símbolo de parentesco regozijante, violência oportunista e zombaria antialiança. O desejo de Edom de possuir a terra de Israel é apresentado não como mera ambição geopolítica, mas como uma transgressão teológica, uma violação da herança sagrada.

Montanhas de Israel: o terreno edênico desolado agora é chamado a "brotar ramos" (36:8), revertendo o

96

exílio da terra. As montanhas não são mais pano de fundo para o fracasso humano, mas participantes ativas da renovação divina. Seu rejuvenescimento antecipa o retorno não apenas das pessoas, mas da ordem da aliança.

Menção Final de "Jerusalém" (36:38): O nome "Jerusalém" desaparece após este capítulo, sinalizando uma mudança narrativa deliberada, da memória corrompida para a identidade transformada. Quando a cidade é nomeada novamente em Ezequiel 48:35, não é como "Jerusalém", mas como "YHWH Shammah", "O SENHOR está Ali". A própria geografia se torna litúrgica.

Funções Temáticas

Ezequiel 35–36 representa uma inversão teológica: do julgamento para a criação, da responsabilidade centrada nas pessoas para a promessa centrada na terra, e do arrependimento humano para a iniciativa divina. Esses capítulos não são meramente transitórios; eles recalibram toda a arquitetura moral da restauração.

Deus não espera que Israel se arrependa. Em vez disso, Deus age "por amor ao [seu] santo nome" (36:22). Isso recentraliza a renovação da aliança não no mérito, mas na fidelidade divina. A restauração torna-se um ato de santa autoconsistência. A terra se torna receptiva, obediente, "ouvindo" a palavra de Deus, em contraste com o povo que persistentemente se recusou a ouvir. Onde a consciência humana se tornou surda, o próprio solo se torna o primeiro local de resposta.

O julgamento do Monte Seir, no capítulo 35, funciona como um prelúdio ético: a justiça deve ser feita antes que a cura possa começar. Mas, no capítulo 36, as montanhas de Israel são abordadas como entidades vivas, chamadas a "brotar ramos" e acolher seu povo em casa. O trabalho regenerativo não começa nos corações humanos, mas no terreno, na topografia e na terra cultivada.

Este retorno da terra antecipa a lógica da ressurreição de Ezequiel 37. Assim como em Gênesis 1, onde a terra, a luz e as fronteiras são preparadas antes da formação da humanidade, a visão de Ezequiel repete uma espécie de cosplay teológico da criação. Os ossos ressuscitarão, mas somente depois que a terra for santificada novamente.

Na sala de aula

Intertextualidade geopolítica: compare a queda de Edom em Ezequiel 35 com Obadias e o Salmo 137. Como o parentesco é usado como arma na crítica profética?

Teológico Geografia: Por que faz Deus falar para as montanhas? Explore o deslocamento profético e imaginação espacial.

Apagamento de Jerusalém: Peça aos alunos que localizem a última menção de "Jerusalém" e considerem sua substituição em Ezequiel 48. O que a renomeação sinaliza teologicamente?

Visual opcional para a sala de aula: Crie um gráfico comparativo do Monte Seir e das Montanhas de Israel, mostrando contrastes em público, tom, resultado e função simbólica.

Insights de Pregação

Pregue Ezequiel 36 como uma teologia da recriação. Antes de reavivar as pessoas, Deus ara o solo. A restauração começa onde ninguém está olhando, com a terra, com o silêncio, com as sementes.

Que o sermão pergunte: E se Deus já estiver curando o solo sob nossa inconsciência? E se a graça começar antes de nos arrependermos? E se formos retardatários em um jardim que já está crescendo?

Este capítulo não é um chamado à ação, mas um convite para testemunhar a jardinagem divina onde a fidelidade à aliança de Deus floresce em solo ainda manchado pela tristeza.

Ezequiel 37: Respiração, Ossos e o Projeto de Recriação

Ezequiel 37 se destaca como um dos momentos mais icônicos e teologicamente densos do livro, não porque a restauração se cumpra, mas porque é proferida como possibilidade. Ambientado em um vale de total desolação, este capítulo não abre com uma data, mas com uma pergunta: "Podem estes ossos viver?" (37:3). Na esteira do silêncio divino, da liderança fracassada e da terra fragmentada (caps. 33-36), esta visão se desdobra como uma intervenção pós-colapso, onde a própria linguagem deve ser remontada junto com os ossos. O profeta não recebe uma audiência, apenas uma tarefa: falar à morte, invocar o fôlego e realizar a esperança antes que ela se torne visível. O que emerge não é a ressurreição como conforto, mas a recriação como iniciativa divina: um ato do Espírito que se move antes do entendimento e uma aliança que une o que a história separou.

Tempo Literário

Ezequiel 37 surge não no meio do desastre, mas depois dele. Segue-se o colapso anunciado de Jerusalém (Ezequiel 33), a redefinição da liderança através do oráculo do pastor (Ezequiel 34) e a recuperação teológica do espaço nos oráculos das montanhas gêmeas (Ezequiel 35-36). No entanto, nenhuma nova fórmula de data aparece. A visão se desdobra em um intervalo sem tempo, um "depois" teológico que resiste à ancoragem na história. Não se trata de uma restauração em andamento; é uma ressurreição imaginada.

O tempo literário aqui é moldado pelo silêncio. A nação ainda não foi revivida, mas o terreno foi limpo. O vale de ossos secos não apresenta sinais de ação ou petição. O profeta não é enviado para advertir ou julgar, mas para testemunhar, para permanecer no meio da totalidade da morte e aguardar o sopro divino. A ausência de marcadores de tempo aprofunda a sensação de quietude: este é um momento não medido por relógios, mas carregado de expectativa.

Ezequiel recebe a ordem de profetizar não para pessoas, mas para ossos; não para rebeldes, mas para os remanescentes. A fala precede a resposta; a respiração precede o reconhecimento. A narrativa inverte a lógica anterior de causa e efeito. Aqui, a vida precede o arrependimento, e a restauração não vem como uma recompensa, mas como um milagre. A tarefa do profeta não é interpretar, mas obedecer e falar ao que não pode responder.

No tempo literário, Ezequiel 37 se destaca como um elo teológico entre o colapso e a aliança. É o momento em que a imaginação divina interrompe a inevitabilidade histórica. Embora nenhuma data específica seja dada no texto, a visão se desenrola em um momento teológico além da história, uma iniciativa divina que marca o início da ressurreição, não suas consequências.

Fluxo Comunicativo

Ambas as visões (ossos secos e os dois gravetos) são explicitamente encenadas por YHWH e mediadas inteiramente por Ezequiel. O público, de novo, é não o histórico original grupo mas o futuro leitor ou ouvinte. Esse se encaixa na estratégia de deslocamento retórico já evidente em Ezequiel: alvos inalcançáveis ou ausentes (por exemplo, Jerusalém, ancestrais falecidos, tribos dispersas) são abordados para espelhar os presentes (a comunidade exilada). A comunicação é vertical (entre YHWH e Ezequiel) e performática, em vez de dialógica.

Essas visões emparelhadas de revivificação e reunificação funcionam, portanto, como um solilóquio divino realizado para um público desalinhado. A profecia dos ossos secos é dirigida a "toda a casa de Israel" (37:11), que, embora já morta e dispersa, ainda está endereçado em o presente tenso como se o palavra sozinho poderia desfazer morte.

O profeta se torna um mediador não entre Deus e o povo, mas entre o silêncio e o Espírito. Ele não fala aos ouvintes, mas à matéria, aos ossos e aos ventos. Isso desfamiliariza a própria comunicação. Como se apresenta a profecia quando o único público é a morte?

Forma e Gênero

Ezequiel 37 é um dos capítulos mais teologicamente e literariamente estruturados do Livro de Ezequiel, fundindo drama visionário, ação simbólica e proclamação da aliança em um movimento unificado de ressurreição e reunificação. Funciona como uma articulação performática: teologicamente expansiva e retoricamente imersiva.

A primeira seção (vv. 1-14) se desenrola como uma performance visionária. O profeta é conduzido pela mão de YHWH a um vale de ossos secos, um quadro visual de desolação total. O que se segue é uma sequência litúrgica de comandos e respostas: "Profetiza sobre estes ossos", "Dize ao sopro", "Vem dos quatro ventos". Esses atos de fala não são descritivos, mas generativos, transformando fragmentos inertes em vida encarnada. A cena evoca um teatro ritual onde linguagem representa a ressurreição.

A segunda seção (vv. 15-28) muda para uma ação simbólica: Ezequiel é instruído a pegar duas varas

101

marcadas para Judá e José e uni-las em uma só. Esse gesto profético, acompanhado de interpretação divina, anuncia a reunificação dos reinos divididos sob uma aliança renovada. A forma narrativa combina simbolismo encenado com clareza oracular.

Intertextualmente, o capítulo inteiro está saturado de motivos da criação, particularmente de Gênesis 2. O hebraico *ruach* (espírito/vento/sopro) reflete o sopro divino que animava Adão, sinalizando que isso não é apenas restauração política, mas recriação ontológica.

Assim, Ezequiel 37 transcende um único gênero. É uma encenação profética, uma performance teológica e um eco cósmico. Ele transita da metáfora (ossos secos) para a história (retorno) e para a promessa (aliança unificada), cada estágio sobrepondo visão ao símbolo, e símbolo ao discurso.

Símbolos e palavras-chave

Ezequiel 37 oferece algumas das imagens simbólicas mais potentes do cânone profético, imagens que unem desolação e restauração, fratura e reunião, silêncio e respiração. O simbolismo é deliberadamente sobreposto, exigindo imersão imaginativa e paciência teológica.

Ossos Secos (37:1-2): O vale não está apenas repleto de mortos. Está repleto de ossos há muito desmontados, "muito secos", despojados de carne, tendões e memória. Esta é uma visão de perda total: não apenas a morte, mas o apagamento da forma, da identidade e da coerência. A imagem funciona intertextualmente como uma inversão de Gênesis 2 e evoca visões apocalípticas de ruína no campo de batalha. No entanto, a pergunta divina: "Filho do homem, poderão estes ossos viver?" (37:3), é respondida não com lógica, mas com rendição: "Ó Senhor YHWH, tu o sabes". Este momento de humildade epistêmica lembra a resposta de Pedro a Jesus em João 21:17 ("Senhor, tu sabes todas as coisas; tu sabes que eu te amo"), proferida em um momento igualmente restaurador após traição e perda. Em ambos os textos, a esperança é reacendida não pela certeza, mas pela confiança relacional no conhecimento divino.

Sopro/Espírito (רוּחַ, ruah): Este termo hebraico carrega um triplo significado deliberado: vento, sopro e Espírito. A visão de Ezequiel explora essa polivalência para sugerir que o que revive Israel não é meramente o ar ou o espírito em abstrato, mas o movimento incontrolável da vontade divina. *Ruach* penetra nos ossos não a critério do profeta, mas somente pela iniciativa de Deus, reforçando que a ressurreição nunca é mecanizada, mas sempre relacional e concedida.

Dois Paus (37:15-28): O ato simbólico de unir os paus marcados para Judá e Efraim marca a transição da ressurreição para a reunificação. O que começa como reanimação corporal culmina na coesão nacional. É importante ressaltar que nenhum rei terreno é nomeado; em vez disso, um pastor singular é prometido. Isso evita a nostalgia dinástica e enfatiza o cuidado pastoral em detrimento da conquista real. A ênfase na aliança (vv. 26-28) deixa claro: a nação renovada é mantida unida não pela geopolítica, mas pela presença divina compartilhada.

Juntos, esses símbolos traçam um movimento que vai dos ossos espalhados aos gravetos reunidos, da ruína privada à reconciliação pública. A visão dá forma ao insondável: que o sopro de Deus pode reanimar o que a história descartou, e que um povo fragmentado pelo exílio pode se reunificar sob uma aliança renovada e um pastor inequívoco.

Funções Temáticas

Ezequiel 37 apresenta a restauração não como consolo, mas como um comissionamento divino. A visão dos ossos secos abrange mais do que uma única calamidade histórica. Temporalmente, remonta às mortes no Egito e no deserto, onde ossos foram deixados insepultos como sinais de rebelião, e avança para o trauma exílico atual. Espacialmente, remete não apenas à terra de Israel, mas a todos os lugares onde pessoas morreram, foram dispersas, deportadas ou esquecidas. A abstração deliberada da localização e do período temporal do vale cria um escopo aberto que torna a visão da ressurreição paradigmática, em vez de localizada.

Isto não é ressurreição por conforto. É restauração como um mandamento. Ossos se juntam, mas sem fôlego, permanecem cadáveres. O profeta deve profetizar novamente, desta vez para o *ruach* (Espírito/sopro/vento), deixando claro que restauração sem o Espírito divino é apenas morte animada. Esperança sem santidade é uma estrutura oca.

Além disso, a ausência de arrependimento humano é impressionante. Esse reavivamento não é conquistado por reforma moral, mas sim por iniciativa divina. O simbolismo do cajado na segunda metade (vv. 15-28) aponta para a reunificação política, mas sem nostalgia real. Em vez de um rei, é prometido um pastor. Em vez de um império, é oferecida uma "aliança de paz" (v. 26). E o templo, agora adiado, é uma presença futura, não uma conquista atual. A restauração, portanto, não é um retorno às velhas formas, mas uma reconstituição em alinhamento com o propósito divino.

Na sala de aula

Exercício de respiração: peça aos alunos que explorem *ruach* em Ezequiel 1, 2, 3 e 37. Como o significado muda?

Teatro Exílico: Apresente a visão com dois leitores (YHWH e Ezequiel), com os alunos como os ossos. Explore o tempo e a hesitação na resposta profética.

Reflexão Política: Debata a diferença entre reunião (palitos) e ressurreição (ossos). O que Ezequiel diz sobre a divisão comunidades?

Insights de Pregação

Ezequiel 37 não é um conto sentimental de ressurreição; é um ensaio profético para a reconstituição após uma perda irreparável. Os pregadores devem resistir à tentação de romantizar suas imagens. Os ossos não estão simplesmente cansados; estão desfeitos. Não há tendões, nem fôlego, nem esperança. E, no entanto, eles são instruídos a ouvir. Não porque possam responder, mas porque Deus deseja que vivam.

Não se trata de um reavivamento nascido do arrependimento, mas de uma restauração iniciada pela palavra divina. Assim como YHWH outrora se retirou do templo (Ezequiel 10-11), agora o sopro retorna não à pedra, mas à comunidade destruída. A recriação precede a prontidão. O Espírito de Deus entra antes mesmo que o povo saiba o que significa ser completo.

Em João 21, um Pedro igualmente quebrantado, ao ser questionado se amava Jesus, só pôde dizer: "Senhor, tu sabes". É uma confissão de alguém além de qualquer certeza, além de qualquer reparo, mas ainda assim convocado. O pregador poderia ecoar esse momento aqui: diante de ossos secos de fé, comunidade ou futuro, a única resposta verdadeira pode ser: "Soberano Senhor, só tu sabes" (Ez 37:3).

Pregar este capítulo é convidar os ouvintes a não se sentirem fortes antes de crer, mas a confiar que o sopro divino não vem depois da força, mas antes dela.

Ezequiel 38-39: Purificação da Terra: Gog, Julgamento e Limiares Litúrgicos

Ezequiel 38–39 apresenta um confronto final e implacável, não com um império histórico, mas com o resíduo teológico do caos. Posicionado após a visão dos ossos secos e da reunificação nacional (cap. 37), mas antes o detalhado visão de o novo templo (caps. 40-48), esses capítulos habitam uma zona liminar entre a ressurreição e a habitação. Gog de Magog, que é convocado, não simplesmente permitido, personifica a oposição que deve ser extinta ritualmente antes que a presença divina possa retornar para habitar. Aqui, a escatologia se torna liturgia: a guerra divina é menos uma batalha do que uma purificação, e o papel de Israel não é lutar, mas purificar, enterrar e lembrar. Isso não é fantasia geopolítica. mas sagrado limite drama, onde ossos são não mais meramente revivido, mas nomeado e enterrado. A terra não deve apenas ser restaurada; deve ser transformada sagrado.

Tempo Literário

Ezequiel 38–39 não contém uma fórmula de data específica, mas sua localização no rolo é altamente intencional. A visão ocorre após a ressurreição dos ossos secos (Ezequiel 37), onde a restauração nacional é declarada, mas antes da revelação da habitação divina na visão do templo em Ezequiel 40–48. Israel é descrito como "habitando em segurança" (38:11), não por presunção ingênua, mas em um estado de estabilidade divinamente concedido. A terra foi restaurada, o povo reconstituído, e nenhum oráculo de julgamento é dirigido a eles.

No entanto, nessa calma santificada, surge uma ameaça inesperada: Gogue, vindo da terra de Magogue. Sua chegada, porém, não é autônoma. YHWH o atrai explicitamente, colocando ganchos em suas mandíbulas

(38:4), agitando seus movimentos (38:16) e orquestrando o encontro. Israel não provoca a guerra que se desenrola, nem a permite por acaso. Ela é divinamente encenada, não para disciplinar Israel, mas para expor e erradicar o que não lhe pertence.

No tempo literário, esta batalha funciona não como o clímax da restauração, mas como uma purificação final antes que a glória de Deus retorne ao templo recém-construído (Ezequiel 43). A terra foi purificada; Israel agora funciona como um corpo sacerdotal, ocupando silenciosamente o espaço sagrado. A intrusão de Gogue constitui uma ruptura entre o profano e o sagrado. Somente YHWH responde, não como um comandante militar, mas como o guardião soberano da santidade.

O silêncio de Israel, portanto, não é passividade, mas postura. O povo não é chamado a lutar porque já foi separado. Sua presença afirma a ordem divina; sua inação sinaliza a separação sacerdotal. Gogue não os ameaça diretamente, mas ameaça o limite da santidade que Deus agora restabeleceu.

A ausência de uma data intensifica a carga simbólica deste momento. A cena se desenrola em um quadro litúrgico suspenso, entre a restauração espacial e a habitação divina. Antes que o novo templo possa ser revelado, a terra precisa ser purificada. O que parece ser uma batalha externa é, na verdade, uma defesa sacerdotal da ordem sagrada. É YHWH, não Israel, quem impõe o ato final de separação, abrindo caminho para o retorno da glória em Ezequiel 40-48.

Fluxo Comunicativo

Ezequiel 38–39 apresenta um confronto cósmico, mas sua dinâmica comunicativa não se dirige exclusivamente ao inimigo. Em vez disso, a visão encena um drama retórico no qual Israel é o verdadeiro ouvinte. O Remetente é YHWH, que não apenas prediz, mas também convoca ativamente Gog, um adversário atraído por um anzol divino, não por ambição pessoal (38:4). O Mensageiro é Ezequiel, que transmite tanto o chamado para a batalha quanto a interpretação de suas consequências. O Destinatário nomeado é Gog (38:2), mas o público real é Israel, que ouve as acusações e precisa considerar suas implicações.

Este discurso indireto segue uma estratégia ezequieliana recorrente: discurso profético a entidades deslocadas (montanhas [6:2], portas [11:1], ossos [37:4]) que reflete a percepção teológica de Israel. Aqui, dirigir-se a Gogue serve como um espelho escatológico: o julgamento final não se trata apenas de derrotar inimigos, mas de purificar a terra para abrir espaço para o retorno de YHWH. Israel não é o alvo, mas o herdeiro das consequências da visão.

Forma e Gênero

Ezequiel 38–39 combina elementos de: visão apocalíptica, batalha cósmica e intervenção divina; processo da aliança, um julgamento contra Gog, resultando em destruição; lamentação litúrgica, festa do catador e ritos funerários; e purificação sacerdotal, marcação de ossos, queima de armas, limpeza da terra.

Cada forma intensifica a sensação de finalidade e encerramento ritual. Os detalhes grotescos (enterro de cadáver, fogo de sete anos, banquete de carniça) transformam a guerra em sacrifício. drama, ecoando Levítico e A lógica de herem (total) de Deuteronômio destruição para santificação divina).

Símbolos e palavras-chave

Ezequiel 38–39 é repleto de inversões simbólicas e linguagem ritualizada. Embora estilizado como uma batalha apocalíptica, o episódio é mais litúrgico do que militar. Suas imagens reconfiguram a destruição em purificação, convidando o público a reinterpretar a vitória por meio de categorias sacerdotais e espaciais, em vez do triunfo imperial. Cada símbolo torna-se, assim, não apenas um dispositivo narrativo, mas um sinal teológico de transição e limiar.

Gog de Magog: Um inimigo mítico que representa oposição máxima ao reinado de YHWH. Gogue não é uma figura histórica, mas um contraponto teológico convocado por YHWH apenas para ser destruído, ressaltando a iniciativa divina (38:4).

Queima de Armas (39:9-10): Israel usa as armas de Gogue como combustível por sete anos, uma purificação simbólica e uma reversão da dependência. O que antes ameaçava a vida agora a sustenta.

Enterro em Massa (39:11-16): O vale de Hamon-Gog torna-se uma necrópole. Israel desempenha um papel sacerdotal, purificando a terra por meio de sepultamentos, nomeando ossos e erguendo lápides.

Festa dos Pássaros (39:17-20): A festa dos necrófagos imita os ritos de sacrifício (cf. Ap 19), mas os inverte. Os inimigos não são adoradores, mas oferendas. Esta liturgia grotesca enfatiza o domínio divino.

Hamon-Gog: "A multidão de Gog" se torna tanto um local de sepultamento quanto um local de memória, solidificando a transição de uma terra profanada para uma terra reconsagrada.

Juntas, essas imagens retratam a derrota de Gogue não como um conto de guerra épico, mas como um ritual de purificação. A visão não glorifica a violência, mas a reaproveita. A tarefa de Israel não é lutar, mas sim lembrar, enterrar e santificar. A restauração não vem pela conquista, mas pela transformação ritual, um limiar adequado para a visão do templo que se segue.

Na sala de aula

Mapeamento Ritual: Trace a sequência da ressurreição (cap. 37) à purificação (caps. 38-39) e ao santuário (caps. 40-48). Como a santidade é arquitetada? Encenação de Papéis: Designe Gog, Ezequiel e os enterradores de ossos. Reflita sobre o peso teológico de cada papel.

Justaposição textual: compare Levítico 26, Apocalipse 19 e Ezequiel 39. Que convergências e tensões surgem em seu tratamento do julgamento e da santidade?

Pergunta-chave: Por que Gog é necessário depois dos ossos ascender? O que faz isto significar que Deus purifica o terra antes de entrar isto?

Insights de Pregação

Pregue Ezequiel 38-39 não como uma previsão da guerra do fim dos tempos, mas como um limiar dramatizado. Gogue não é futuro terror; ele é final impureza. Dele apagamento marcas a abertura para YHWH's retornar.

A tarefa do pregador não é explicar a identidade de Gog, mas revelar a lógica litúrgica de Deus: não há ressurreição sem purificação. Não há presença sem espaço santificado.

A queda de Gog não é uma vitória nacional; é uma vitória sacerdotal fardo. O sermão torna-se um chamar para carregar esse fardo: marcar os ossos, enterrar o passado e cuidar da terra até que a santidade possa retornar. "O que isso significaria", o pregador poder perguntar, "se o mais sagrado coisa nós poderia fazer é enterrar o que Deus destruiu para que a presença de Deus possa vir de novo?"

110

Ezequiel 40–48: A Visão do Templo e a Arquitetura da Prevenção Santidade

A visão final de Ezequiel suspende a resolução em favor da revelação. Ao contrário de oráculos anteriores que apelam à emoção ou à exortação, esta sequência centrada no templo se desenrola com precisão austera: medidas, limites, altares, portões. Não há sumo sacerdote, nem arca, nem multidão cantando; há apenas um profeta que vê, caminha e registra. A restauração aqui não é enquadrada como um retorno nostálgico, mas como uma restrição arquitetônica: um projeto de espaço sagrado estruturado para evitar recaídas. A ausência de atores políticos, a subordinação do nāśî e o zoneamento meticuloso do sagrado e do profano marcam uma mudança do arrependimento emocional para a disciplina espacial. O templo não desce à história nem surge do esforço comunitário; ele flutua, evocando o trono móvel de Ezequiel 1, como uma construção visionária que convida à internalização. A visão paira acima, acessível não pela construção, mas pela contemplação. Nesse sentido, Ezequiel 40–48 não termina com a chegada, mas com a orientação: uma santidade mapeada que não celebra a restauração, mas a salvaguarda.

Tempo Literário

O carimbo de tempo em Ezequiel 40:1 ("No vigésimo quinto ano do nosso exílio, no princípio do ano, no décimo dia do mês") destaca-se tanto pela sua precisão quanto pela sua abertura interpretativa. Esta fórmula difere de outras fórmulas de data em Ezequiel. Ela contém exclusivamente a frase *Rosh Hashanah* (início do ano), ressaltando assim seu status teológico e narrativo excepcional. Embora o Livro de Ezequiel contenha múltiplas fórmulas de data, nenhuma é tão liturgicamente evocativa quanto esta. Uma comparação com Ezequiel 29:17 esclarece o que está em jogo: embora também use uma estrutura semelhante, esse oráculo simplesmente lê, "no primeiro dia do primeiro (mês)", sem usar explicitamente a frase *Rosh Hashaná*. A diferença sugere que, diferentemente de 29:17, Ezequiel 40:1 abre um prisma litúrgico de significados. A ambiguidade reside no fato de que dois grandes sistemas de calendário judaico, o civil e o de culto, oferecem interpretações concorrentes sobre quando ocorre "o início do ano".

Se lermos Ezequiel 40:1 através das lentes do calendário civil, *Rosh Hashaná* refere-se ao primeiro dia de Tishri, e o "décimo dia" apontaria para *Yom Kippur*. Se optarmos pelo calendário cultual baseado em Êxodo 12:2, então "o início do ano" aponta para Nisan como o primeiro mês, e o décimo dia apontaria para a preparação da Páscoa, especificamente o dia em que o cordeiro é selecionado (Êxodo 12:3).

O que torna essa ambiguidade produtiva, em vez de problemática, é sua narrativa e posicionamento teológico. É importante notar que as possibilidades interpretativas duplas surgem não da incerteza textual, mas da abordagem composicional da visão. Se presumirmos que a visão foi recebida diretamente e transmitida com precisão por Ezequiel, então ele teria uma data específica em mente, seja Nisã ou Tisri.

Por outro lado, se alguém vê a visão como uma construção literária de um autor implícito, a menção de *Rosh Hashanah* pode sugerir uma ambiguidade intencional dentro do próprio texto.

Leitura 1: 10 de Tishri – Yom Kippur como estrutura
Se a referência for ao décimo dia de Tishri, então Ezequiel recebe esta visão do templo no *Yom Kippur*, o Dia da Expiação. Esta leitura se alinha com o contexto profético: o templo havia sido destruído; o povo havia

sido profanado. Agora, no mesmo dia que marcou o arrependimento nacional e a purificação do santuário (Lv 16), Ezequiel vê um novo santuário. A ressonância teológica é forte: antes que a glória retorne, o espaço deve ser redefinido.

Além disso, o *Yom Kippur* é seguido por Sucot (15 a 21 de Tishri), a festa que comemora as habitações de Israel no deserto após o Êxodo. Notavelmente, Sucot não é celebrado no deserto em si, mas somente após a entrada de Israel na terra. Assim, a estrutura do *Yom Kippur* sugere que essa visão ocorre nos últimos dias da peregrinação, preparando-se para uma morada renovada e permanente. A sequência do *Yom Kippur* a Sucot torna-se um arco simbólico: purificação → reencontro → alegria.

Na tradição litúrgica mais ampla, os dez dias entre *Rosh Hashaná* (1º de Tishri) e *Yom Kipur* formam os Yamim Nora'im, os Dias de Temor, um tempo de reflexão, arrependimento e preparação para o encontro divino. A visão de Ezequiel, portanto, situa-se no clímax dessa tensão sagrada, oferecendo uma resposta visual a um período de silêncio e julgamento.

Leitura 2: 10 de Nisan – Preparação para a Páscoa e Urgência Profética

Alternativamente, ler Ezequiel 40:1 como 10 de nisã situa a visão na preparação para a Páscoa. Em Êxodo 12:3, Deus instrui Israel a escolher um cordeiro no décimo dia de nisã e a guardá-lo até o décimo quarto, quando será sacrificado. Esse período liminar, convivendo com o cordeiro marcado para a morte, visava preparar o povo para a noite da distinção e da fuga.

Nesse contexto, a comunidade exilada de Ezequiel torna -se análoga a Israel no Egito: vivendo sob ameaça, mas preparando-se para a libertação divina.

Ezequiel vê o templo não como um local de chegada, mas como uma promessa mantida em tensão: um cordeiro habitando com o povo, aguardando a redenção. O templo é escolhido, medido e revelado, mas ainda não está repleto de glória. Sua presença significa um êxodo iminente.

Uma profundidade interpretativa ainda maior surge quando comparamos Ezequiel 40 com Josué 4:19, onde os israelitas cruzam o Jordão e entram na Terra Prometida precisamente em 10 de nisã. Naquela primeira entrada, a Páscoa subsequente foi marcada pela realidade preocupante de que apenas dois indivíduos da geração do Êxodo sobreviveram para vê-la. Em contraste, a esperada segunda entrada da Babilônia (se Ezequiel 40 for lido como ocorrendo em 10 de nisã) é marcada por sincronicidade, publicidade e unidade tribal. Nenhuma tribo é excluída; nenhum remanescente é deixado vagando. A visão sinaliza um novo tipo de entrada: uma em que nenhuma geração está condenada a morrer no deserto. Em vez de ser fragmentada pela morte e pelo atraso, a comunidade atravessa junta, totalmente reunida e plenamente vista.

Essa interpretação é ainda mais reforçada pela visão dos ossos secos em Ezequiel 37:1-11, que identifica explicitamente as figuras ressuscitadas como "toda a casa de Israel", ampliando o escopo do retorno e da restauração tanto temporal quanto geograficamente. Além disso, os oráculos subsequentes descrevem uma reunificação das tribos de Judá e José, sinalizando um futuro pós-babilônico no qual essa profunda reconciliação nacional se torna possível. O retorno é unificado, medido e santificado.

Convergência Teológica: Não Ou/Ou, Mas Ambos/E Aprofundados

Em vez de selecionar uma leitura em detrimento

da outra, Ezequiel 40:1 parece ser deliberadamente situado para evocar ambas. A dupla plausibilidade de *Yom Kippur* e 10 de Nisan reforça a força teológica da visão do templo: é tanto expiação quanto antecipação, tanto reentrada quanto êxodo, tanto purificação quanto distinção.

Fluxo Comunicativo

Em Ezequiel 40-48, a dinâmica comunicativa sofre uma profunda transformação. Ao contrário de Moisés ou Davi, Ezequiel não recebe a ordem de construir um santuário ou liderar uma comunidade rumo à renovação litúrgica. Em vez disso, ele é instruído a observar, medir e registrar: "Contem à casa de Israel tudo o que virem" (40:4; cf. 43:10). Seu papel não é o de um líder ativo, mas o de um escriba visionário encarregado de documentar um templo que existe apenas na imaginação divina.

Todo o encontro é estruturado como um passeio visionário. Ezequiel é guiado por uma realidade arquitetônica totalmente formada, mas nenhuma implementação é ordenada, e nenhuma figura humana aparece naquele espaço. Não há adoradores, sumos sacerdotes, nem rituais realizados, apenas muros, portões, medições e a presença divina. A restauração aqui não é encenada, mas revelada.

Significativamente, o público não são os contemporâneos de Ezequiel, mas um povo adiado: aqueles que, tendo passado pelo julgamento e pelo exílio, podem um dia experimentar a vergonha e se tornar receptivos à santidade (43:10-11). A visão do templo torna-se, assim, um santuário narrado, um espaço conceitual e teológico destinado a ser interiorizado, em vez de reconstruído fisicamente.

A estrutura comunicativa reflete essa distância. YHWH fala apenas através dos contornos do espaço sagrado; Ezequiel transmite, não prega. Os destinatários pretendidos são anônimos, ausentes e talvez até mesmo não nascidos. O silêncio não é incidental; é arquitetônico. Não há exortações, nem reações imediatas. A restauração não é imediata nem dialógica; está inserida na visão e aguarda ser habitada por uma imaginação curada.

Forma e Gênero

Os capítulos 40–48 são lidos como um híbrido de visão apocalíptica e instrução sacerdotal: 40–42: Medidas arquitetônicas detalhadas; 43–46: Regulamentos de culto e sacrificial sistemas; e 47–48: Cósmico reordenando de terra e tribo limites

Essa estrutura é paralela a Êxodo 25-31 e, posteriormente, a Apocalipse 21-22, embora com diferenças importantes: não há construtor, nem liturgia no altar, nem inauguração comunitária. As medições são frequentemente incompletas (por exemplo, não há altura do templo), reforçando sua natureza como um esquema conceitual, e não como um projeto de construção.

As alocações de terras (cap. 47-48) removem territórios disputados (por exemplo, a Transjordânia) e realocam tribos simetricamente, utópico, mas não celestial. Isto não é o paraíso. Este é um ideal sobrevivível, ancorado não na transcendência, mas na regulação concreta. Como diz Soo Kim Sweeney, fantasioso demais para o realismo, estruturado demais para o escaton. É um pergaminho mental, sustentando os exilados com estruturas possibilidade.

Símbolos e palavras-chave

Esta visão contém descontinuidades radicais: os muros são mais espessos (40:5), criando fronteiras mais rígidas entre o sagrado e o profano. Atrás do Santo dos

116

Santos, há uma câmara misteriosa (41:12-15), o espaço privado de YHWH, jamais acessado. Nenhum espaço é alocado para a Transjordânia, apagando sutilmente regiões de rebelião anterior.

Ainda, continuidades permanecer: Zadoquita padres retorno, destacando a linhagem cultual (44:15-31). Um príncipe davídico não aparece como rei, mas como uma figura subordinada (45:7-17). Doze tribos e leis levíticas são reinscritas, ligando a visão às raízes mosaicas. A cidade não se chama mais Jerusalém, mas YHWH Shammah (48:35): "YHWH está ali". Essa mudança de nome é cosmética; Marca uma reorientação teológica completa. A cidade torna-se um indicador, um guardião, uma bússola litúrgica, não uma capital monárquica ou centro de culto.

Geografia Simbólica de Ezequiel 38-48: Três Picos, Duas Camadas

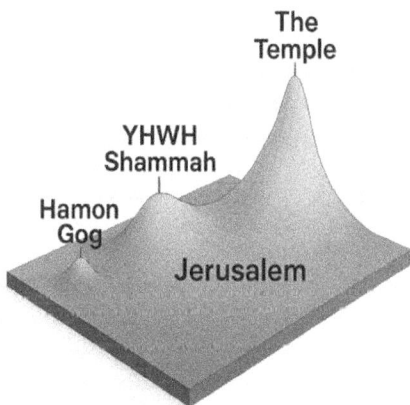

Esta ilustração 3D modela a geografia teológica dos capítulos finais de Ezequiel como uma paisagem em camadas e tripartida, não apenas em termos de elevação física, mas em significado simbólico e papel narrativo.

117

O Templo (Norte, Pico Mais Alto)

Função Simbólica: Este é o centro sagrado restaurado. Representa o retorno da presença divina (Ezequiel 43), não através nostálgico memória, mas através de uma medição recente santidade.

Localização: Ao norte da cidade simbólica YHWH Shammah, elevada e separada.

Papel: Atos como um sagrado baliza, visível ainda restrito, uma fonte teológica de santidade. Corresponde aos projetos levíticos, mas os excede em abstração.

YHWH Shammah (Centro, Elevação Média)

Função simbólica: A nova cidade substituindo a antiga Jerusalém, renomeada "YHWH está ali" (48:35).

Sobreposição: Esta cidade se sobrepõe à memória de Jerusalém. Não é idêntica, mas está situada no mesmo local, sugerindo assim uma ressurreição da identidade por meio de uma mudança de nome.

Função: Uma cidade guardiã, conectando o espaço sagrado (Templo) e o espaço purgado (Hamon-Gog). Desempenha uma função mediadora, não sendo santuário nem campo de batalha, mas sim um indicador do sagrado.

Hamon-Gog (Sul, Pico Mais Baixo)

Função simbólica: O vale da purificação final, associado ao sepultamento do exército de Gogue (Ezequiel 39).

Lógica geográfica: Provavelmente na região sudeste, perto do Mar Morto, ecoando a localização tradicional de o Vale de Achor, um espaço de vergonha e purificação.

Função: Este é o Portão da Morte, o local do julgamento final e da purificação ritual. Ele sela o passado e protege a terra para a habitação divina.

Camada Inferior: Jerusalém (Antiga)

Não apagada, mas enterrada na memória. É o substrato espiritual sobre o qual YHWH Shammah é construída. Como as cidades de Palimpsesto, o novo se sobrepõe ao antigo, honrando sua existência e, ao mesmo tempo, substituindo suas estruturas fracassadas.

Camada superior: YHWH Shammah

A nova identidade, substituindo o nome mas preservando sagrado geografia. O cidade conecta para cima, em direção ao Templo, e para baixo, em direção ao vale do sepultamento, formando um eixo vertical de transição da vergonha para a santificação.

Mensagem Teológica

Não Escatológico Paraíso: Esse templo e cidade não é a Jerusalém celestial. Ainda há ossos, sepulturas, correções, e vergonha gerenciamento. Esse é não a consumação final, mas o início da disciplina restauração.

Memória Arquitetônica: A paisagem é curado para a lembrança moral. A restauração não é indulgente; é estruturada e monitorado.

Dupla Guarda: Hamon-Gog guarda o portão sul, bloqueando a vergonha e o retorno da impureza. YHWH Shammah guarda o portão norte, apontando para a reentrada divina e convidando à vigilância.

Implicação Interpretativa

Esta geografia convida leitores e exilados não a retornarem a Jerusalém como era, mas a se aproximarem do que ela poderia se tornar, por meio da memória, da estrutura e da vigilância santificada. Não é uma cidade de conforto, mas uma cidade de disciplina, limites e esperança adiada, mas preservada.

Funções Temáticas

A restauração de Ezequiel não é permissiva; é preventiva. Estes capítulos encenam uma teologia de santidade pós-traumática. A cidade foi perdida. O exílio redefiniu a presença. O que emerge agora não é um retorno nostálgico, mas uma memória arquitetônica. A presença divina só retorna quando os limites são redesenhados. O acesso sacerdotal é restrito. O culto é ritualizado. A comunidade permanece sem nome. A santidade aqui é salvaguardada pela distância.

Na sala de aula

Ezequiel 40–48 apresenta uma oportunidade ideal para o aprendizado integrativo e interdisciplinar. Sua visão detalhada combina precisão arquitetônica, imaginação teológica e implicação litúrgica, tornando-se um rico espaço para o engajamento dos alunos em estudos bíblicos, ética e design. Em vez de se concentrar apenas na análise textual, os instrutores podem guiar os alunos para uma interpretação participativa, onde o espaço, o silêncio e a ausência se tornam ferramentas interpretativas.

Projeto de Ética Espacial: Convide os alunos a projetarem seu próprio "espaço sagrado" com limitações específicas impostas. O que deve ser excluído para preservar a santidade do que está dentro? Como portões, barreiras e gradações de acesso constroem significado ético?

Oficina de Projetos Litúrgicos: Peça aos alunos que comparem o templo visionário de Ezequiel com o tabernáculo do Êxodo e o templo de Salomão em 1 Reis 6–8. Quais são os pressupostos teológicos e políticos por trás de cada estrutura? O que é revelado e o que é reprimido?

Hermenêutica da Ausência: Promova um seminário de discussão sobre o que não está na visão final de Ezequiel. Por que não há sumo sacerdote, nem arca, nem culto comunitário visível? Como a ausência pode funcionar não como perda, mas como redirecionamento teológico?

Essa visão convida os alunos não apenas a ler o templo, mas a pensar sobre o que a santidade exige do espaço, da estrutura e do silêncio.

Insights de Pregação

Ezequiel 40–48 é não um comissão para construir, mas uma meditação sobre como levar a santidade através do exílio. O profeta não é um arquiteto, mas uma testemunha de uma estrutura tão sagrada que não pode ser tocado.

Esta visão não foi concebida para ser construída, pelo menos não ainda. Ela foi dada para sustentar, para criar "um pequeno santuário" no exílio (11:16), um que viva na imaginação, não na paisagem.

Os pregadores devem resistir ao excesso de leitura escatológica. Esse é não Revelação 21. Isso é o pré-condição para o retorno sagrado, o projeto que ajuda um povo despedaçado a acreditar que ainda pode haver forma, significado e presença.

O mensagem no o fim de Ezequiel não terra, ela se ergue. Ela espera, pairando sobre o texto, como a glória acima do templo. Não um final, mas um abertura.

Ezequiel 40–48 não é fácil de pregar. Mas oferece uma das reviravoltas teológicas mais profundas das Escrituras: esperança sem posse. O templo é atraído, mas não se entra. Deus está lá, mas não em todos os lugares. O pregador deve nome esse arquitetura de contenção como parte da misericórdia divina. E se a restauração exigir reformulação? E se a presença exigir limitação? O chamado não é para reivindicar, mas para receber com reverência e distância.

Conclusão da Parte II

A arquitetura de Ezequiel não é ornamental. É teológica. De símbolo para silêncio, de visão para Vazio, o livro fala tanto pela estrutura quanto pela fala. Na Parte II, traçamos como o Livro de Ezequiel desdobra sua teologia não pela clareza, mas pela construção. O julgamento é coreografado. A esperança é delimitada. A fala é medida.

Os capítulos 4 e 5 passaram da macroestrutura para a microperformance, do design global do pergaminho para seus atos simbólicos mais chocantes. Cada passagem sinalizava uma ruptura, seja pelo silêncio de Ezequiel 24, seja pela visão arquitetônica dos capítulos 40 a 48. A forma, em Ezequiel, não decora o conteúdo. É o conteúdo. Não se trata de profecia como persuasão. Trata-se de profecia como infraestrutura.

Papel II tem mostrado nós que em Ezequiel, o forma do pergaminho é a mensagem: sua desorientação, seu atraso, seu selamento ter esperança. O rolar é projetado para abrir devagar. As pessoas podem ter ido embora. O templo pode estar frio. Mas a visão persiste.

Resta agora perguntar: como convivemos com esse tipo de pergaminho? Esse é o trabalho da Parte III.

Parte III
Vivendo com Ezequiel

Ezequiel não é um livro que simplesmente se termina; em vez disso, é um pergaminho que se abre em desorientação e se fecha com um vislumbre de esperança. Enquanto a Parte II se aprofunda em estratégias retóricas e sequências literárias, a Parte III muda seu foco para reflexões teológicas. Esta seção não pergunta principalmente: "O que e como Ezequiel fez?" dizer?" mas sim, "O que devemos levar agora?" O leitor se transforma de um intérprete em um herdeiro teológico, carregando um pergaminho que permanece vibrante com questões não resolvidas tensão.

Como coexistir com um profeta cujo corpo encarna a ruptura divina? O que significa pregar a partir de um texto em que o julgamento silencia a fala e a restauração ocorre sem consentimento? Aqui, propõe-se que Ezequiel não forneça um caminho de volta ao que foi perdido, mas um projeto para impedir o retorno às circunstâncias que levaram à queda do povo. A visão do profeta não é nostálgica; é arquitetônica, projetando limites onde o trauma antes existia sem limites e mapcando a santidade onde a profanação prevaleceu. Ezequiel não é meramente um profeta do exílio; ele atua como um dramaturgo da prevenção. Em vez de tentar resolver as contradições de Ezequiel, a Parte III as abraça. Identifica as lacunas, mapeia as questões e escuta as reverberações éticas de um Deus que tanto abandona quanto retorna.

Os capítulos da Parte III seguem essa trajetória através de diversas lentes. O Capítulo 6 oferece uma síntese temática do vocabulário teológico de Ezequiel, traçando presença, julgamento e restauração ao longo do pergaminho. O Capítulo 7 explora tensões teológicas não resolvidas que continuam a moldar seu horizonte interpretativo. O Capítulo 8 reflete sobre a profecia corporificada de Ezequiel e a ética do trauma, lendo o pergaminho através das lentes da experiência corporal e da comunicação adiada. O Capítulo 9 considera os desafios e possibilidades homiléticos da pregação de Ezequiel hoje. O Capítulo 10 conclui com uma leitura da arquitetura de prevenção, memória e vigilância teológica de Ezequiel, convidando os leitores a caminhar com um pergaminho que permanece aberto.

Capítulo 6
Questões e temas no livro de Ezequiel

O livro de Ezequiel apresenta uma constelação de temas teológicos intensos, estranhos e, em última análise, indecifráveis. Em vez de se desdobrar em uma ordem sistemática, sua teologia se entrelaça em visão, encenação e silêncio. Este capítulo identifica cinco eixos temáticos que definem o terreno teológico do manuscrito.

Presença e Ausência Divinas? Ou Resistência Divina?

A visão inaugural de Ezequiel começa com uma ruptura visual e espacial: o kavod (glória) de YHWH aparecendo sobre o canal de Quebar, na Babilônia, não em Jerusalém. A mobilidade da presença divina, demonstrada por meio de uma carruagem-trono sustentada por seres vivos e rodas que se cruzam, desestabiliza a expectativa teológica de que a santidade reside apenas no templo ou na Terra Santa. Desde o início, a presença de Deus se mostra dinâmica, capaz de se mover para perto e para longe, tanto visível quanto oculta.

Essa mobilidade eventualmente dá lugar ao que parece ser uma ausência: em Ezequiel 10-11, o kavod deixa o templo, primeiro parando na soleira da porta e depois ascendendo da cidade. O movimento não é abrupto, mas sim encenado, como se relutante. Tal padrão às vezes tem sido interpretado como uma expressão de rejeição divina.

No entanto, a cadência interna do pergaminho sugere algo mais sustentado: uma teologia da resistência. A lenta partida reflete uma resistência silenciosa, uma paciência divina sob pressão. Essa contenção é expressa de forma mais pungente em Ezequiel 6:9: "Fui quebrantado pelo seu coração prostituído". Nesse momento, a ira e a dor divinas convergem. O pathos não é teatral, mas interior. A resistência divina emerge não como mera tolerância, mas como sofrimento mútuo, uma dor que continua mesmo quando o relacionamento se desfaz.

Além disso, a presença divina não desapareceu completamente. A santidade que outrora preenchia o templo não se extingue, mas permanece em tensão, acompanhando os exilados em silêncio e perda. Dessa forma, a presença divina em Ezequiel é reenquadrada como uma presença sob coação, compassivamente retida para permitir a possibilidade de recriação. Ezequiel 11:16 revela que YHWH se tornou para os exilados um *miqdash me'at*, um pequeno santuário. Enquanto o templo principal é abandonado ao julgamento, Deus oferece um fragmento de Sua presença no exílio. Este sutil gesto teológico afirma que a resistência divina não é apenas cósmica, mas comunitária: Deus permanece entre o povo em forma reduzida. A comunidade exilada, portanto, não é totalmente abandonada; eles são atraídos para uma resistência compartilhada.

Mais tarde, em Ezequiel 43, a glória divina retorna, mas não como uma mera reversão. A reentrada é silenciosa, comedida e emoldurada por limites precisos. Ezequiel não é instruído a construir este templo, apenas a observar e registrar. A nova estrutura é marcada não pela exuberância, mas pela cautela. Seu silêncio, simetria e ordenação espacial servem como ecos arquitetônicos da contenção divina. Essa visão não desfaz o exílio; ela o reorienta, oferecendo um espaço sagrado carregado na memória antes de ser concretizado em pedra.

Sob essa luz, a presença e a ausência divinas em Ezequiel não são categorias binárias, mas estágios dentro de um arco teológico mais amplo. YHWH parte não como rejeição, mas para preservar a santidade. Ele permanece, no exílio, como um *miqdash me'at*, perseverando ao lado do povo. E quando Ele retorna, não é com consolo imediato, mas com um planejamento cuidadoso, convidando o povo a igualar a resistência divina à sua própria.

Assim, o testemunho profético em Ezequiel é de espera compartilhada. A perseverança divina não nega a ausência; ela lhe dá forma, significado e, eventualmente, direção.

Julgamento e Justiça

O primeiro metade de o rolar é dominado por oráculos de julgamento com metáforas de cerco, sangue, infidelidade e impureza. O profeta declara a culpa com a voz da certeza. E, no entanto, a violência da resposta divina permanece eticamente desestabilizadora. A justiça pode ser assim? Ezequiel insiste que de YHWH julgamento é purgativo em vez de vingativo; destina-se a purgar, não simplesmente a punir. Mas esta reivindicação não é feita levianamente. texto não dilui seu trauma, nem convida a uma justificativa teológica fácil. Pede ao leitor que segure a justiça de Deus em uma mão e o horror do exílio na outra, sem abandonar nenhum dos dois.

Profecia Encarnada

Ao contrário de outros profetas, a mensagem de Ezequiel não é apenas falada; é vivida, gesticulada e sofrida. Ele fica mudo, amarrado, obrigado a ficar imóvel por meses e a comer alimentos impuros. Sua esposa morre, e ele é proibido de para prática qualquer luto rituais. O profeta se torna o mensagem. Esse levanta questões de agência profética: Fez ele consentimento? Fez ele entender? O que significa que quando a palavra de Deus quebra não apenas pedras, mas o corpo do profeta? A personificação de Ezequiel impulsiona a profecia além proclamação e em performance onde a verdade teológica é comunicada através de gestos, constrangimentos e até dor.

Responsabilidade Comunitária e Reconfiguração Moral

Uma das intervenções teologicamente mais consequentes de Ezequiel é a reconfiguração da responsabilidade comunitária e geracional. Num ousado afastamento da fórmula de punição ancestral encontrada no Decálogo ("visitando a iniquidade dos pais sobre os filhos até a terceira e quarta geração" [Êx 20:5]), Ezequiel 18 insiste: "A alma que pecar, essa morrerá". Este oráculo não nega a responsabilidade comunitária, nem defende o individualismo moderno. Em vez disso, distingue entre culpa herdada e responsabilidade pactual. O profeta desafia a geração exilada a não culpar seus ancestrais, mas a se engajar em arrependimento coletivo. Embora a comunidade ainda possa sofrer consequências pelos pecados de seus membros, refletindo a realidade duradoura do emaranhamento moral, a ênfase teológica mudou: cada geração, e de fato cada pessoa, é convocada a responder a YHWH com integridade.

A visão de Ezequiel, portanto, defende um modelo de responsabilidade tanto pessoal quanto coletivo. Rejeita a vitimização passiva, ao mesmo tempo em que afirma que o pecado tem efeitos cascata na comunidade da aliança. O chamado não é ao isolamento, mas a uma transformação compartilhada, uma reconstituição da identidade comunitária por meio do reconhecimento mútuo dos erros e da participação coletiva na renovação.

No entanto, o texto também reconhece uma dolorosa assimetria moral: quando a comunidade em geral é corrupta, indivíduos justos podem não ter o poder de redirecionar o curso coletivo. Tais pessoas, inocentes, mas implicadas, frequentemente se tornam vozes isoladas de protesto, lamentando contra a maré avassaladora. Ezequiel as nomeia não apenas eticamente, mas também liturgicamente. Em Ezequiel 9, essa minoria fiel é identificada como "aqueles que suspiram e gemem por causa de todas as abominações cometidas em Jerusalém" (v. 4). Esses enlutados, longe de serem ignorados, são divinamente marcados com um tav em suas testas, um sinal de preservação que ecoa o sangue da Páscoa nos batentes das portas israelitas (Êxodo 12:7). Eles são poupados não porque se retiraram da comunidade, mas porque permaneceram moralmente engajados nela.

Essa visão ressoa com o ensinamento posterior de Jesus: "Bem-aventurados os que choram, porque serão consolados" (Mt 5:4). Ezequiel 9 afirma que o lamento não é uma falha de fé, mas sua expressão mais plena em um mundo em colapso. Através do testemunho gemido de poucos, emerge uma ética remanescente: mesmo quando a maioria não responde, a atenção divina repousa sobre aqueles que choram em solidariedade. Eles não são meros sobreviventes; são os viveiros de uma nova comunidade.

Espaço Sagrado e Reterritorialização

Embora Ezequiel lamente a profanação do templo, ele não imagina sua restauração como um simples retorno aos antigos limites. Em vez disso, os movimentos finais do livro, incluindo o sepultamento das forças de Gogue em Hamon-Gogue (39:11-16), remodelam a terra, o povo e a identidade sagrada por meio de uma lógica de reterritorialização. O que emerge é a geografia e uma comunidade transformada por meio da purificação e da renovação da aliança.

Hamon-Gog (literalmente "o multidão de Gog") torna-se um necrópole, um liminar site onde o resíduo de oposição cósmica é enterrado pelo próprio povo de Israel. Aqui, o ato de sepultamento não é incidental nem pragmático; isto é litúrgico. O pessoas transição De sobreviventes passivos a grupos sacerdotais ativos da terra, recuperando territórios não por meio de conquistas, mas por meio de trabalho sagrado. Marcando ossos e purificando a terra, eles a preparam ritualmente para o retorno da presença de YHWH.

Essa reterritorialização se estende além da geografia, até a vocação. Israel, que antes era objeto de julgamento, agora se torna seu agente, não na violência, mas em santificação. O agir de enterro sinais Uma inversão teológica: aqueles que antes eram contados entre os mortos (cf. cap. 37) são agora aqueles que ministram aos mortos. Ao cumprir este dever sacerdotal, o povo recupera a vocação expressa pela primeira vez em Êxodo 19: ser um reino de sacerdotes e uma nação santa, mediadora entre YHWH e o Senhor nações.

A reconfiguração do espaço sagrado nos capítulos 40 a 48 segue uma lógica particular: as linhas sacerdotais são redesenhadas e os papéis dos levitas e zadoquitas são reestruturados para um serviço renovado. A terra é redistribuída, com as atribuições das tribos reorganizadas e as zonas sagradas e seculares claramente delineadas. Jerusalém recebe um novo nome; antes apenas uma cidade que abrigava o Templo, agora é conhecida como YHWH- Shammah ("O SENHOR está ali" [48:35]), servindo como guia para os peregrinos que vêm experimentar a presença de Deus.

Assim, o espaço sagrado não é recuperado da memória, mas construído a partir das consequências. O sepultamento de Hamon-Gog não é um epílogo para o conflito, mas uma abertura para a presença. A passagem do povo de julgado para sacerdotal, de disperso para santificador, reformula seu papel: não mais um receptor passivo do resgate divino, mas um mediador ativo do divino. santidade. Na visão de Ezequiel, a reterritorialização é uma tarefa sacerdotal tarefa, e a prontidão da terra para a glória não depende do triunfo militar, mas da fidelidade daqueles que agora se preparam isto.

Conclusão

O Livro de Ezequiel exige vigilância teológica e honestidade moral. Os temas identificados neste capítulo – presença, justiça, corporificação, responsabilidade e espaço sagrado – não resolvem as tensões do livro, mas as aprofundam. Os capítulos seguintes perguntarão: O que acontece quando essas tensões não são apenas interpretadas, mas vividas? O que acontece com um profeta cujo sofrimento foi escrito? E como as comunidades de hoje podem carregar um pergaminho que se recusa a fechar?

Capítulo 7
O Corpo do Profeta, o Trauma da Comunidade
Mediação Encarnada em Ezequiel

Ezequiel não fala simplesmente por Deus; ele é feito para se tornar a mensagem. Seu corpo é recrutado para um divino teatro, tornando-se ambos um símbolo e um local de ruptura teológica. Este capítulo explora o corpo do profeta como uma superfície mediadora através da qual a dor divina, o julgamento e até mesmo o arrependimento se tornam visíveis. O trauma da comunidade não é meramente narrado, mas encenado na própria carne de Ezequiel. E nesta performance, o pergaminho transmite dor sem oferecer uma promessa de sofrimento imediato cura.

O Profeta como Limiar Encarnado

A identidade profética de Ezequiel não é dada através da fala mas através transformação. Ele é silenciado (Ez 3:26), imobilizado (4:4-8), contaminado (4:12-15), raspado (5:1-4) e enlutado (24:15-24). Seu corpo se torna o local de mensagens divinas que palavras por si só não conseguem transmitir.

Esse personificação perturba profético categorias. Ele não é simplesmente um porta-voz, mas um limiar onde o julgamento divino, o sofrimento humano e a performance simbólica se encontram. O pergaminho repetidamente retém a interpretação, deixando a comunidade e o leitor à mercê de enfrentar o implicações sem resolução.

Dor Encarnada, Luto Adiado e Restauração dos Esquecidos: Ezequiel 24

A morte da esposa de Ezequiel ("o deleite dos teus olhos") marca o ápice da profecia encarnada (Ez 24:15-27). Ele é proibido de praticar o luto público, uma ordem que rompe tanto as normas culturais quanto o luto pessoal. O evento é duplamente simbólico: reflete a queda iminente de Jerusalém e a própria perda de Deus. No entanto, o texto não oferece conforto. Não há nenhuma resposta registrada da plateia. O silêncio é ensurdecedor. O que significa quando o luto não é compartilhado, quando o luto não é permitido? Ezequiel se torna uma questão teológica em vez de uma resposta pastoral.

Mas e se essas performances proféticas não forem meramente ilustrativas? E se forem encarnacionais, não apenas refletindo a dor divina, mas mediando-a, visualizando a devastação interna de YHWH no corpo do profeta? Nesse contexto, Ezequiel não está sendo distanciado de Deus para sofrer em seu lugar, mas sim convidado a participar da experiência divina: "Que vejam com olhos humanos como eu sofro". Ou seja, a dor silenciosa de Ezequiel torna-se um ícone vivo do Deus que restringe Sua compaixão para purificar Seu povo. A santidade não pode ser restaurada sem uma ruptura custosa, e o profeta carrega o peso dessa ruptura, não simbolicamente, mas corporalmente.

Se assim for, então a tarefa tácita aos leitores e pregadores de hoje não é apenas interpretar a morte da esposa do profeta como um evento-sinal, mas recuperar sua dignidade. Ela não foi lamentada publicamente, não foi enterrada ritualmente, não foi lembrada pelo nome, mas sua perda marcou um limiar divino. Ao honrá-la agora, os leitores encenam um luto adiado que era proibido no momento. Isso não é meramente recuperação literária; é reparação teológica. Os pregadores devem desafiar suas comunidades a se tornarem, em retrospecto, os enlutados que lhe foram negados. Ao fazê-lo, eles não apenas dignificam a ferida profética, mas reconhecem o Deus que sofre em silêncio e cujo amor, embora velado, perdura através do fogo.

Ezequiel: *Homo Sacer*? Ou um Companheiro do Pathos Divino?

Se aceitarmos a lógica interpretativa delineada acima, Ezequiel 24 nos oferece uma rara janela para a literatura profética: a vulnerabilidade divina. A perda que Ezequiel sofre não é meramente sua; ela ecoa a dor de Deus pela profanação e destruição do relacionamento da aliança. A dor silenciosa em Ezequiel 24 reflete uma tristeza divina profunda demais para ser expressa em palavras. E se Deus não for apenas um juiz, mas também um sofredor? E se o mandamento divino de não lamentar não for uma negação da dor, mas uma inscrição dela? A obediência de Ezequiel torna-se, assim, não apenas fiel, mas cúmplice do sofrimento divino, um fardo que remodela a vocação profética como participação sacrificial.

Sob essa luz, podemos perguntar: Ezequiel é um *homo sacer*, uma figura marcada pela exceção sagrada e pela exclusão legal, como teoriza Giorgio Agamben, ou é um companheiro do pathos divino? A resposta pode ser ambas. De fato, Ezequiel exibe muitas características do *homo sacer*: ele é despojado de proteções legais ou relacionais comuns, negado ao luto público e sujeito a ordens que o isolam dos ritmos comunitários de luto e consolação. Ele é sagrado, mas dispensável, central, mas excluído.

Mas esta leitura, embora adequada, não é suficiente. O que emerge de forma mais impressionante

137

no caso de Ezequiel é uma reversão dentro da própria estrutura da excepcionalidade. No paradigma de Agamben, o soberano e o *homo sacer* definem extremos opostos do espectro legal, o soberano suspende a lei de cima, enquanto o *homo sacer* é excluído da lei de baixo. No entanto, em Ezequiel, testemunhamos algo inimaginável na teologia do antigo Oriente Próximo: o Deus soberano assume voluntariamente a posição do *homo sacer*. Este ato não é imposto; é auto-escolhido. YHWH, não tendo escolha a não ser ser quebrado devido ao relacionamento de aliança de longa data (6:9), escolhe permanecer no exílio (11:16), escolhe suportar a profanação e o atraso, tudo em prol de uma purificação necessária que permitirá a recriação.

Essa auto-humilhação divina não é abstrata. Ela se materializa nos atos encarnados de Ezequiel. Se entendermos os gestos de Ezequiel não meramente como uma performance profética, mas como ícones visíveis da dor divina, então o profeta não é meramente um servo, mas um co-sofredor. Deus não apenas ordena o sofrimento; Ele o suporta. E Ezequiel se torna o espelho no qual essa resistência divina se reflete para o povo.

O objetivo de tudo isso? Purificação. Sem purificação, não pode haver nova criação. E para que essa purificação seja legítima, deve ser acompanhada da mais profunda compaixão possível, compaixão tão profunda que deve, por um tempo, ser contida. Ezequiel é, portanto, chamado não apenas a proclamar o julgamento, mas a suportá-lo. Nisso, ele modela para o público exilado o que significa unir-se a Deus não em soberania, mas em sofrimento.

E, no entanto, passado esse momento de sacrifício, caído Jerusalém e completa a dor, o que acontece? Aqui, o texto lança um convite homilético silencioso: lembrar e lamentar. Aquela a quem foi negado o luto, a esposa de Ezequiel, não deve ser esquecida. Sua morte, como tantas outras, tornou-se um símbolo engolido pelo silêncio. Agora, cabe aos leitores, ouvintes e pregadores restaurar sua honra. Ao fazê-lo, eles não se lembram apenas de uma mulher ou de um profeta, mas participam do pathos divino que dignifica até as perdas mais indizíveis.

Trauma, Arquivo e Transmissão: Profecia como Vulnerabilidade Compartilhada

O Livro de Ezequiel não é simplesmente um documento profético; é um arquivo de traumas. Sua temporalidade desconexa, seus silêncios e rupturas repentinas, e suas respostas ambíguas do público, tudo isso sinaliza um texto escrito e transmitido em uma condição de fratura. O pergaminho não narra a resolução; ele a suspende.

Um Autor Traumatizado

Ezequiel, como figura profética, não profere discursos divinos com clareza ou comando. Seu papel é marcado por silêncios involuntários (p. ex., 3:26; 24:27), por ações simbólicas que isolam em vez de persuadir (caps. 4-5) e pela perda insuportável do amor pessoal (24:15-18). Ele não é simplesmente um porta-voz divino; é uma testemunha ferida. Seu corpo se torna o local onde a dor divina é refratada, encenada e adiada. O profeta não explica o trauma, ele o arquiva. O pergaminho, sob essa luz, torna-se um recipiente de testemunho adiado.

Personagens Traumatizados

A comunidade exílica dentro da narrativa compartilha essa condição. Sua fala é rara, sua autonomia, mínima. Quando falam, suas palavras são frequentemente citadas por YHWH apenas para serem repreendidas (por exemplo, 12:22-23; 18:2). Eles existem como aqueles que "têm ouvidos, mas não ouvem", não apenas por rebelião, mas por exaustão espiritual. O trauma do deslocamento, da perda do templo e da ruptura histórica os torna mudos, céticos ou insensíveis. Eles não são meramente os destinatários do julgamento; são os portadores da desorientação coletiva.

Leitores Traumatizados

Leitores modernos, especialmente aqueles moldados pela guerra, pelo deslocamento, pela dor religiosa herdada ou mesmo pelo abuso eclesiástico, frequentemente abordam Ezequiel com ambival-ência semelhante. A dureza do julgamento, a distância de Deus e a natureza adiada da esperança podem parecer estranhamente familiares. Para esses leitores, a dor não resolvida do pergaminho não precisa ser explicada. Precisa ser reconhecida. O silêncio dentro do texto torna-se um espelho para sua própria linguagem adiada de lamentação.

Rumo ao reconhecimento mútuo

No entanto, dentro dessa fratura compartilhada, reside uma possibilidade. Se Ezequiel é um escriba traumatizado, se seu público no texto é um povo traumatizado, e se nós somos, em parte, leitores traumatizados, então a função do texto muda. Ele deixa de ser uma proclamação estática da vontade divina. Torna-se um arquivo dialógico, um lugar onde o trauma não é resolvido, mas nomeado; onde a dor não é negada, mas mantida.

A cura, nesse modelo, não advém de uma resolução imediata, mas do reconhecimento recíproco. A obediência do profeta, o silêncio da comunidade e as perguntas inquietas do leitor participam de uma transmissão sagrada. Cada um dá testemunho ao outro. E, ao fazê-lo, abrem a possibilidade de uma resposta futura: uma que consola sem descartar, lembra sem romantizar e honra o sofrimento sem permitir que ele tenha a palavra final.

Conclusão

O corpo de Ezequiel, quebrado e ignorado, torna-se uma ferida sagrada, um lugar onde a intenção divina e a limitação humana colidem. Em vez de explicar sofrimento, o pergaminho o incorpora. Em vez de resolver o trauma, ele o registra.

Ler Ezequiel é sentar-se com esse lamento encarnado, não para interpretá-lo, mas para se juntar ao seu silêncio, traçar seus contornos e, talvez, ser transformado por sua recusa em apaziguar. O profeta se torna não um herói da fé, mas um portador de fratura por meio de quem a presença não resolvida de Deus ainda fala.

Capítulo 8
Pregando Ezequiel em Ruínas e Reentrada

Pregar a partir de Ezequiel não é tarefa para quem busca explicar a complexidade. É um chamado para habitar a ruptura divina e dar voz à esperança não resolvida. Em um texto onde a presença é móvel, o público é fragmentado e o profeta desaparece no silêncio, o pregador não fecha o pergaminho, mas o reabre.

Pregar Ezequiel é caminhar entre ruínas, não como construtor, mas como testemunha. O pregador não é Ezequiel, não YHWH, e não o remanescente. Ela é o aquele que ouve por acaso. O tarefa é não para restaurar confiança, mas para restaurar a atenção para ajudar as comunidades a ouvir o que Deus disse uma vez quando o mundo entrou em colapso, e o que Deus ainda pode estar dizendo quando a restauração permanece fora de questão alcançar.

Do intérprete ao participante

Tradicional homilética muitas vezes elencos o pregador como mediador entre o texto bíblico e o público moderno, interpretando, contextualizando e aplicando. Mas com Ezequiel, esse modelo vacila. O silêncio do profeta, seus oráculos não recebidos, suas perdas não lamentadas e seu luto ritualizado resistem à mediação. Exigem participação.

A pregação de Ezequiel exige que o pregador se torne um leitor-testemunha, alguém que reentra nos desconfortos do texto, não para explicá-los, mas para ser formada por eles. É uma hermenêutica da proximidade:

não "o que isso significa", mas "o que isso faz de mim?".
O pergaminho de Ezequiel forma aqueles que ousam se
debruçar sobre ele não com clareza, mas com prontidão.

Ministério em Atraso

Ezequiel modela um ministério suspenso,
adiado e ignorado. O profeta transmite mensagens cujo
público dificilmente responde, põe em prática sinais que
ninguém comenta e registra palavras para um futuro
que pode não chegar. E, ainda assim, ele permanece fiel,
não por causa dos resultados, mas por causa do
comissionamento divino.

Esse é profundamente relevante para
contemporâneo ministério em contextos de fadiga
espiritual, ruptura comunitária ou declínio
institucional. Ezequiel reformula a visão profética
sucesso longe da resposta mensurável em direção ao
testemunho fiel. Ele ensina que silêncio é não falha, mas
um forma de fidelidade.

Pregação no Exílio: Cinco Práticas

Pregar a partir de Ezequiel é adentrar um espaço
de ruptura, onde a fala vacila, os corpos absorvem
significado e a presença divina tanto esconde quanto
revela. O pergaminho de Ezequiel exige um tipo
diferente de postura homilética: uma que não resolve,
mas acompanha; uma que não silencia o trauma nem
apressa a cura. As cinco práticas a seguir oferecem uma
estrutura para pregar Ezequiel no espírito de fidelidade
exílica.

Resistir à Resolução: Deixe o Texto Permanecer Tenso

Ezequiel se recusa a oferecer um fechamento
fácil. Suas metáforas permanecem sem esclarecimento,
seus julgamentos sem solução e suas visões adiadas. Os

pregadores devem resistir ao impulso de domesticar essas tensões. Não suavizem a violência divina, não exagerem no simbolismo nem preencham silêncios teológicos com muita rapidez. Deixem espaço para ambiguidade e interrupção. Ao fazer isso, o sermão se torna não uma solução, mas um espaço de contenção para a dissonância divina e a honestidade humana.

Honre o Corpo: Deixe o Mensageiro Incorporar a Mensagem

Os atos proféticos de Ezequiel não são meramente verbais; são profundamente corpóreos. Seu silêncio, postura e movimento carregam o peso da intenção divina. Da mesma forma, a pregação hoje não se resume apenas ao que é dito, mas à forma como o corpo fala. Tom, gesto, quietude e respiração importam. O corpo do pregador se torna um texto secundário, representando a tensão, a dor ou a esperança embutidas no pergaminho.

Nomeie o trauma: fale o que os outros evitam

Ezequiel menciona o colapso sem eufemismos. Ele fala da profanação do templo, da desolação do povo e do afastamento de Deus com uma clareza perturbadora. Pregadores contemporâneos são convidados a fazer o mesmo. Quando as congregações enfrentam apatia espiritual, fragmentação eclesial ou negação cultural, os sermões devem falar com compaixao inabalável. A pregação verdadeira não retraumatiza; ela testemunha.

Engajar a Ecologia do Deslocamento: Atender ao Lugar como Texto Teológico

Em Ezequiel, a terra ouve antes do povo (Ez 36). Deus se dirige às montanhas, aos rios e ao solo como se fossem parceiros vivos numa aliança. A pregação deve,

145

da mesma forma, atentar para a ecologia do deslocamento, a santidade dos espaços marcados, a ressonância das ruínas, o significado do lugar perdido e reimaginado. A restauração não é apenas espiritual, mas espacial. A presença de Deus pode se mover além do templo, mas nunca sai da criação.

Convite sem encerramento: aceite a espera inacabada
Ezequiel termina não com um retorno, mas com uma visão. O novo templo foi desenhado, mas nunca construído. A cidade foi renomeada, mas ninguém ainda entrou. O sermão, da mesma forma, não deve declarar que a cura chegou. Em vez disso, deve testemunhar a resistência divina e oferecer espaço para a respiração suspensa. Quando Deus para, nós paramos. Quando Deus marca o tempo em silêncio, esperamos com Ele. O pregador se torna aquele que segura as ovelhas perto até o retorno do Pastor.

Conclusão
Ezequiel não trata apenas do que pregar. Trata-se do que a pregação é. O manuscrito insiste que o ministério não deve ser triunfante nem desencarnado. Deve ser praticado, suportado e, às vezes, lamentado.
O pregador não é a glória nem o povo, mas aquele que se lembra e dá testemunho do que foi visto. Como Ezequiel, os pregadores de hoje carregam pergaminhos completo de fogo, paradoxo, e sagrado atraso. Nós são não chamado para resolver o texto, mas para segurar isto intacto mesmo quando ninguém parece ouvir. Isto é pregar no exílio. Este é o Ministério de Ruínas.

Capítulo 9
De Hamon-Gog a YHWH Shammah
A Arquitetura de Ezequiel para Impedir o Retorno

O Livro de Ezequiel é frequentemente lido como um pergaminho de adiamento comunicação, moldado por exílio e deslocamento retórico. No entanto, para além da sua arquitetura comunicativa, reside uma preocupação mais estrutural: como evitar a recaída na aliança falha. De o grotesco enterro site de Hamon-Gog (Ez 39) até a cidade utópica de YHWH Shammah (Ez 48), Ezequiel esboça uma moral Uma cartografia em que a presença divina se torna sustentável apenas por meio da distância estratégica, da saturação ritual e da vergonha visualizada. Isso não é idealismo escatológico; é preventivo teologia.

A questão fundamental e a solução fundamental: restauração divina, reincidência humana

No cerne da teologia profética de Ezequiel reside um paradoxo ao mesmo tempo sóbrio e esperançoso: YHWH restaurará Seu povo, mas este poderá recair novamente. Ezequiel não vislumbra uma utopia ingênua ou um povo permanentemente reformado. Em vez disso, o rolo se desenvolve em direção a uma visão de restauração cuidadosamente estruturada para proteger contra a infidelidade recorrente, uma visão não de santidade perfeita, mas de santidade preventiva. É por isso que divisões, medidas e silêncio definem o templo final. A restauração da presença divina (Ezequiel 43) é real, mas também arriscada. Deus retorna, mas somente após profunda purificação.

O problema humano central, portanto, é a reincidência, um padrão persistente de traição mascarado pela nostalgia religiosa ou complacência institucional. Não se trata simplesmente de fraqueza moral; trata-se da incapacidade de reconhecer a profundidade do afastamento de Deus. Nesse sentido, a questão fundamental não é apenas o pecado, mas o esquecimento da gravidade da violação, esquecimento que leva à repetição.

Diante desse cenário, Ezequiel propõe uma solução surpreendente: não apenas leis mais rigorosas, nem novos rituais, mas vergonha. "Então vocês se lembrarão dos seus maus caminhos... e terão nojo das suas iniquidades" (Ezequiel 36:31). O povo deve sentir vergonha, mas não como desgraça social ou humilhação imposta pelo inimigo. Deve experimentar a vergonha ética e internalizada: a dor silenciosa que surge quando finalmente se vê o que Deus suportou para permanecer.

Essa vergonha não é um instrumento da crueldade divina. É um sinal de despertar relacional. O povo presumia que a ira de Deus era irracional, ou que Ele fora simplesmente dominado pelos deuses da Babilônia. O trauma distorceu sua teologia. Mas quando eles compreendem que YHWH não foi derrotado, mas contido, não vingativo, mas ferido, escolhendo suportar a profanação para um dia habitar com eles novamente, então a vergonha se transforma de uma arma em um espelho.

Esta é a solução fundamental: não impedir todos os fracassos futuros, mas criar um relacionamento restaurado, baseado na memória compartilhada e na dor mútua. A vergonha do povo torna-se o espaço no qual eles finalmente compreendem a compaixão divina não como brandura, mas como uma restrição custosa. Dessa forma, Deus substitui a vergonha imposta pelos inimigos pela tristeza que advém da compreensão. Não se trata mais do que a Babilônia lhes fez, mas do que fizeram a YHWH, e do que YHWH suportou para continuar com eles.

Assim, o fim da visão de Ezequiel não é uma reconciliação romantizada, mas uma comunhão solene e sustentável. O povo não é inocente, mas não é mais esquecido. Sua vergonha não é condenação; é consagração. E nesse santo arrependimento, o ciclo pode não ser quebrado, mas é lembrado e, ao lembrar, redimido.

O *Miqdash Me'at*: Mantendo a Presença na Suspensão Exílica

Entre a restauração divina e a recaída humana, encontra-se um longo e suspenso meio-termo, o exílio não apenas como punição, mas como incubação espiritual. Nessa zona liminar, o *Miqdash Me'at* (o "pequeno santuário entre os exilados" de Deus [Ezequiel 11:16]) funciona não como um substituto para o templo, mas como um elo relacional. É uma acomodação sagrada: uma presença pactual proporcionada à fragilidade humana, um gesto de resistência divina que permite ao povo sobreviver à sua vergonha sem romper o vínculo.

Este "pequeno santuário" não se define pelo espaço, mas pela partilha de experiências. YHWH, tendo-se retirado do templo poluído, não abandona o Seu povo à própria sorte; em vez disso, Ele entra no exílio com eles de forma reduzida, mas intencional. O *Miqdash Me'at* torna-se assim uma teologia liminar do co-sofrimento: enquanto o povo lida com a sua culpa e confusão, Deus restringe a Sua presença plena não por distância, mas por misericórdia. Esta presença comprimida ecoa a lógica ética da compaixão divina:

149

não proximidade indulgente, mas perseverança sociável.

Fundamentalmente, o *Miqdash Me'at* protege contra ambos os extremos: impede que o povo se apegue ao passado como se nada tivesse mudado e previne o desespero ao sinalizar que a restauração continua possível. É uma ponte teológica, não entre o julgamento e o perdão em abstrato, mas entre o colapso e a reconstituição, a culpa e a intimidade. Na espera, o povo não precisa de um templo reconstruído; precisa de uma sensação renovada de que Deus está com ele, mesmo que de forma limitada.

Na lógica de Ezequiel, o povo deve se tornar digno de ser lembrado, e Deus deve escolher ser lembrado em lugares de fragmentação. Essa lembrança mútua é o que transforma um pequeno santuário em uma morada eterna de aliança. O *Miqdash Me'at* prefigura, portanto, uma teologia da proximidade divina que não exige estruturas reconstruídas, mas corações reajustados que passaram pelo fogo, pelo silêncio e pela vergonha, e passaram a desejar não apenas o resgate de Deus, mas a proximidade de Deus.

Hamon-Gog: Geografia da Vergonha e da Memória

Ezequiel 39 apresenta um local de sepultamento peculiar: "o vale de aqueles Quem passar por, leste de o mar" (39:11). Este vale, Hamon-Gog, é não apenas um massa cova; isto é Um dispositivo espacial da pedagogia teológica. Sua localização "na estrada dos passantes" sugere visibilidade pública. Os restos do julgamento divino não são escondidos, mas preservados como espetáculo. O próprio processo de sepultamento dura sete meses (39:12) e requer participação comunitária, ritualizando a memória. A tarefa de marcar os ossos (39:15) transforma cada viajante em um participante da

150

aliança lembrança.

Teologicamente, Hamon-Gog funciona como um "dispositivo de vergonha", um local onde a memória da rebelião passada não é apagada nem venerada, mas sedimentada na própria terra. Assim como no Vale de Acor em Josué e Oseias, este vale se torna um espaço liminar onde o julgamento e a esperança convergem. No entanto, ao contrário de Acor, Hamon-Gog não oferece nenhuma porta de esperança. Permanece uma zona selada de memória. Nisso, antecipa a função do templo de Ezequiel: não reconciliar vergonha, mas para evitar sua repetição.

YHWH *Shammah*: Presença sem Posse

A cidade no final do rolo tem um novo nome: "YHWH Shammah" ("O SENHOR está ali", 48:35). Mas este não é um retorno a Jerusalém. O nome "Jerusalém" desaparece. de o visão completamente. O cidade é não O antigo trono foi restaurado, mas um novo poste foi instalado. Ele existe como um sinal e não como um destino. Nisso, YHWH Shammah é o contraponto narrativo de Hamon-Gog. Um marca o que nunca deve retornar; o outro sinaliza o que nunca deve ser presumido.

Ambos os locais servem como terminais teológicos, marcadores de fronteira nas margens da memória humana. A cidade é nomeada em homenagem à presença, mas nenhuma narrativa registra a fala divina vinda de dentro dela. A presença não é performática; é simbólica. Teologicamente, isso implica uma nova postura de aliança: proximidade divina sem acesso humano. Ao contrário de Êxodo ou Reis, onde a presença divina se correlaciona com a habitação, a conclusão de Ezequiel reformula a presença como gramática espacial. Deus está lá, não para que a

151

reivindiquemos, mas para que nos aproximemos apenas por meio de uma vergonha corretamente ordenada.

Memória Corporificada e Restrição Pedagógica: Aprendendo e Pregando a Visão Final de Ezequiel

Engajar-se na visão final de Ezequiel é confrontar uma teologia que prioriza a contenção em vez do clímax, os limites em vez do pertencimento e a memória em vez do imediatismo. Para professores e pregadores parecido, esse a visão é ao mesmo tempo perturbadora e instrutivo.

Em sala de aula, os alunos frequentemente abordam os capítulos 40 a 48 com impaciência: os longos côvados, os portões fechados, a cidade silenciosa. Mas, quando reenquadrados como uma arquitetura ritual de prevenção, esses elementos revelam uma forma diferente de sofisticação teológica. O templo não é isento de significado; está saturado de cautela ética. Um exercício proveitoso em sala de aula é comparar o templo de Ezequiel com os de Êxodo e Reis. O que falta é tão instrutivo quanto o que está presente: nenhuma arca, nenhum éfode do sumo sacerdote, nenhuma festa comunitária. As omissões são sermões arquitetônicos em si mesmas.

De esse ângulo, sagrado espaço torna-se um modo de instrução. Pode-se perguntar: O que significa para Deus proteger a santidade não da contaminação humana, mas da lembrança falsa dos homens? Ezequiel ensina que o divino não está apenas próximo, mas também guardado para nós interesse.

No púlpito, esses capítulos exigem uma postura homilética contraintuitiva. A pregadora não é chamada a suavizar a geometria, a espiritualizar o silêncio ou a decodificar cada portal. Em vez disso, ela é convidada a pregar a presença sem posse, a nomear a violência enterrada da história (Hamon-Gog) e a traçar como A fidelidade de Deus pode parecer distância em vez de abraço.

Poderíamos imaginar um sermão intitulado "O Deus que Espera Fora o Portão", desenho sobre o imagens de YHWH Shammah, um cidade não entrou mas nomeado. Ou Uma meditação sobre "O Vale Por Onde Passamos", desvendando como a memória divina permanece alojada em um lugar que não habitamos, mas que devemos reconhecer. Pregar a partir desses textos não se trata de entusiasmo escatológico, mas de sobriedade ética. A restauração aqui não é oferecida como um remédio, mas como uma responsabilidade.

Isto é pregar em direção à contenção: ajudar as congregações a suportar o peso da presença divina com reverência, não com arrogância. Na visão final de Ezequiel, a esperança não é fácil; é exigente. E esse é precisamente o seu dom.

Conclusão

A visão final de Ezequiel não é um sonho de consumação, mas um projeto de prevenção. Ela impede a ciclo de cair e retornar por incorporação resistência na geografia. Hamon-Gog garante que a morte seja lembrada. O templo garante que a santidade seja regulada. YHWH Shammah garante que a presença nunca seja privatizada. Juntos, eles constroem uma teologia de guardado proximidade, uma visão onde memória disciplina a esperança e a arquitetura prende recaída.

O Livro de Ezequiel por isso fecha não com fechamento, mas com contenção. O pergaminho permanece aberto, mas seu futuro está guardado. O que Ezequiel oferece não é um céu que desce, mas uma estrutura que lembra a rapidez com que o céu é profanado. Em um mundo de ruína cíclica, Ezequiel sonha não com o paraíso, mas com um santuário forte o suficiente para lembrar.

Conclusão da Parte III
Memória como Resistência, Presença como Ameaça

Ezequiel não termina em triunfo, mas em tensão. Sua visão não termina com um banquete, mas com uma cidade chamada "YHWH é Lá," um cidade não um ainda habita. O o templo que ele descreve não é quente com orações, mas frio com medidas. O terra tem estive purgado, mas o A vergonha permanece. No limiar da restauração, Ezequiel constrói barreiras não para resistir ter esperança, mas para proteger isto de sua própria fragilidade.

A Parte III traçou a imaginação preventiva de Ezequiel: onde a vergonha é espacializada, a memória é ritualizada, e divino presença é mantido no um distância. O corpo do profeta torna-se o modelo para uma teologia ferida. Seu público é silenciado não para punir, mas para aprofundar a memória. Seu Deus retorna, mas permanece atrás dos portões. Em Ezequiel, o custo da restauração é a vigilância: a recusa em esquecer, possuir ou presumir.

Estes quatro capítulos argumentaram que a esperança mais radical de Ezequiel não é que Israel retorne, mas que Israel não se esqueça do motivo de sua partida. E que, ao se lembrar, Israel possa permanecer próximo, não tocando o sagrado, mas honrando sua chama.

Conclusão do Volume
O pergaminho de Ezequiel, ainda se desenrolando
Uma Teologia Que Lembra Avançar

A jornada através do pergaminho de Ezequiel, conforme empreendida neste volume, não termina com a resolução, mas com reverberação. Para ler Ezequiel é não para alcançar clareza teológica ou finalidade histórica. É adentrar um mundo profético que opera ruptura, encena desorientação e pede a seus leitores que carreguem o não resolvido.

No entanto, isso é apenas parte da história. Pois Ezequiel não é meramente um registro de ruptura divina; é um canteiro de obras teológicas. O profeta não se limita a nome exílio; ele engenheiros estruturas para evitar sua recorrência. Dele final visão é não um sonhar de restauração, mas um sistema de contenção: um firewall ético-teológico. Através de estratégias de vergonha, limitação, distância e memória, Ezequiel reimagina como santidade possa perdurar sem ser profanado de novo.

Na Parte I, traçamos a voz deslocada de Ezequiel, emergindo em meio à desarticulação e ao colapso. Ele não é um mensageiro de língua macia, mas um veículo silenciado através do qual a interrupção de Deus se torna visível. Seu pergaminho faz não persuadir; isto executa. Isto lojas julgamento como liturgia, memória como disciplina.

Na Parte II, examinamos passagens selecionadas como teologia encenada. Símbolo e silêncio, repetição e ruptura, visão e arquitetura, tudo converge para

157

expressar um pathos divino volátil demais para ser exposto. Ezequiel treina seus leitores na compreensão adiada, moldando-os no longo eco da resposta divina.

Em Papel III, nós virou para o do profeta futuro preventivo. Os capítulos 6 a 9 mudaram o foco da exposição para a arquitetura. Aqui, a contribuição mais duradoura do pergaminho veio à tona: não uma teologia do retorno, mas uma cartografia da resistência. Hamon-Gog, o templo restritivo projeto, o silencioso cidade nomeado YHWH Shammah não são pontos finais, mas mecanismos teológicos. Eles marcam a memória na paisagem, inserem a vergonha no acesso e retêm a proximidade divina não para alienar, mas para preservar.

Juntos, eles gesticulam em direção a uma paisagem profética onde presença e ausência, trauma e esperança, corpo e espaço permanecem em tensão dinâmica, um pergaminho ainda se desenrolando nas mãos de seus leitores.

Em Ezequiel, a restauração não é a resolução do julgamento; é a sua continuação em forma disciplinada. O perdão exige lembrança. A proximidade exige distância. A santidade, uma vez profanada, deve ser abordada apenas com engenharia reverente.

O que emerge não é um livro fechado, mas uma tensão aberta, um pergaminho que se recusa a ser fechado porque se recusa à amnésia. O público do pergaminho, exilado, remanescente, futuro, não é meramente convidado a crer novamente, mas a recordar de forma diferente. O pergaminho de Ezequiel é um objeto litúrgico: disciplina a esperança, nomeia o trauma e redefine o acesso à presença de Deus.

Este volume não buscou resolver as rupturas teológicas de Ezequiel. Em vez disso, deteve-se nelas, de forma crítica, paciente e construtiva. As metáforas da violência, a arquitetura da distância e a visão da restauração sem possessão apontam para uma teologia que não romantiza o retorno, mas o protege de seu próprio colapso.

Nós fim, portanto, não com um resumo, mas com uma carga. Ezequiel não pertence ao passado. Seu pergaminho ainda está se desenrolando para aqueles que caminham após a ruptura, para aqueles que reconstroem com cautela, para aqueles que adoram com memória.

Carregar o rolo de Ezequiel é comprometer-se com a vigilância teológica: proteger a graça da amnésia, nome vergonha sem paralisia, e para construir espaços (litúrgicos, éticos, arquitetônicos) onde o sagrado pode habitar, e não ser contaminado.

Caminhar com este pergaminho é suportar suas tensões não resolvidas: uma presença que escapa à permanência, uma memória que protege contra a repetição e uma voz profética encarnada em meio a histórias de fratura. É um pergaminho que resiste ao fechamento, ao mesmo tempo em que convida nossos testemunha.

O pergaminho ainda está aberto. Caminhemos com ele, vigilantes, fiéis e sem presunção.

Bibliografia Selecionada

Allen, L. C. *Ezekiel 1–19*. Word Biblical Commentary 28. Dallas: Word Books, 1994.

Block, D. I. *The Book of Ezekiel, Chapters 1–24*. NICOT. Grand Rapids: Eerdmans, 1997.

_____. *The Book of Ezekiel, Chapters 25–48*. NICOT. Grand Rapids: Eerdmans, 1998.

_____. "In Search of Theological Meanings: Ezekiel Scholarship at the Turn of the Millennium." In *Ezekiel's Hierarchical World: Wrestling with a Tiered Reality*, edited by S. L. Cook & C. L. Patton, 227–39. SBLSymS 31. Atlanta, GA: Society of Biblical Literature, 2004.

Bodi, D. *The Book of Ezekiel and the Poem of Erra*. OBO 104; Freiburg/Schweiz: Universitätsverlag; Göttingen: Vandenhoeck & Ruprecht, 1991.

Brenner, A. *The Intercourse of Knowledge: On Gendering Desire and "Sexuality" in the Hebrew Bible*. Leiden: Brill, 1997.

Brownlee, W. H. "Ezekiel's Poetic Indictment of the Shepherds." *Harvard Theological Review* 51 (1958): 191–203.

Compton, R. A. "Spatial Possibilities for Reading Ezekiel 40–48: A Visionary and Textual Temple for a Priest in Exile." *Svensk Exegetisk Årsbok* 87 (2022): 141–64.

Cook, S. L. *Ezekiel 38–48: A New Translation with Introduction and Commentary*. AB 22B. New Haven: Yale University Press, 2022.

Darr, K. P. "The Wall Around Paradise: Ezekielian Ideas about the Future." *Vetus Testamentum* 37 (1987): 271–79.

Davis, E. F. *Swallowing the Scroll: Textuality and the Dynamics of Discernment in the Book of Ezekiel.* Louisville: Westminster John Knox, 1989.

Dijkstra, M. "The Valley of Dry Bones: Coping with the Reality of the Exile in the Book of Ezekiel." In *The Crisis of Israelite Religion: Transformation of Religious Tradition in Exilic and Post-Exilic Times*, edited by B. Becking & M. C. A. Korpel, 114–33. OTS 42. Leiden: Brill, 1999.

Dobbs-Allsopp, F. W. *Weep, O Daughter of Zion: A Study of the City-Lament Genre in the Hebrew Bible.* BibOr 44. Rome: Pontificio Istituto Biblico, 1993.

Duguid, I. M. *Ezekiel.* NIVAC. Grand Rapids: Zondervan, 1999.

Duguid, I. M. *Ezekiel.* Story of God Bible Commentary. Grand Rapids: Zondervan, 2023.

Frankel, D. "'I Gave Them Laws That Are Not Good' (Ezek 20:25): Divine Deception or Human Misunderstanding?" In *Theology of the Hebrew Bible, Volume 2: Texts, Readers, and Their Worlds*, edited by S. K. Sweeney (*et al.*), 199–214. RBS 107. Atlanta: SBL Press, 2024.

Friebel, K. G. *Jeremiah's and Ezekiel's Sign-Acts: Rhetorical Nonverbal Communication.* JSOTSup 283. Sheffield: Sheffield Academic Press, 1999.

Galambush, J. *Jerusalem in the Book of Ezekiel: The City as Yahweh's Wife.* SBL Dissertation Series 130. Atlanta: Scholars Press, 1992.

Ganzel, T. *Ezekiel's Visionary Temple in Babylonian Context.* Beihefte zur Zeitschrift für die alttestamentliche Wissenschaft 525. Berlin: De Gruyter, 2021.

Ganzel, T. "Ezekiel's Nonverbal Responses as Prophetic Message." *Zeitschrift für die Alttestamentliche Wissenschaft* 134 (2022): 179–92.

Greenberg, M. *Ezekiel 1–20*. AB 22. Garden City, NY: Doubleday, 1983.

_____. *Ezekiel 21–37*. AB 22A. New York: Doubleday, 1997. Hayes, E. R. & L.-S. Tiemeyer, eds. *'I Lifted My Eyes and Saw': Reading Dream and Vision Reports in the Hebrew Bible*. LHB/OTS 584. London and New York: Bloomsbury T&T Clark, 2014.

Hölscher, G. *Hesekiel: Kritisch bearbeitet*. Giessen: Töpelmann, 1924.

Joyce, P. M. *Divine Initiative and Human Response in Ezekiel*. Sheffield: JSOT Press, 1989.

Kim, S. J. "Ashamed Before the Presence of God:Shame in Ezekiel." In *Theology of the Hebrew Bible,* Volume 1: *Methodological Studies*, edited by M. A. Sweeney, 213–44. Atlanta: SBL Press, 2019.

_____. "Was Ezekiel a Messenger? A Manager? Or a Moving Sanctuary? A Beckettian Reading of the Book of Ezekiel in the Inquiry of the Divine Presence." In *Partners with God: Theological and Critical Readings of the Bible in Honor of Marvin A. Sweeney*, edited by S. L. Birdsong & S. Frolov, 237–50. Claremont Studies in Hebrew Bible and Septuagint 2. Claremont, CA: Claremont Press, 2017.

_____. "YHWH *Shammah*: The City as Gateway to the Presence of YHWH." *Journal for the Study of the Old Testament* 39.2 (2014): 213–30.

Lapsley, J. E. *Can These Bones Live? The Problem of the Moral Self in the Book of Ezekiel*. BZAW 301. Berlin: De Gruyter, 2000.

Lee, L. *Mapping Judah's Fate in Ezekiel's Oracles Against the Nations*. ANEM 15. Atlanta, GA: SBL Press and Centro de Estudios de Historia del Antiguo Oriente, 2016.

Levenson, J. D. *The Theology of the Program of Restoration of Ezekiel 40–48*. Missoula, MT: Scholars Press, 1976.

Liss, H. "'Describe the Temple to the House of Israel': Preliminary Remarks on the Temple Vision in the Book of Ezekiel and the Question of Fictionality in Priestly Literatures." In *Utopia and Dystopia in Prophetic Literature*, edited by E. Ben Zvi, 122–43. Publications of the Finnish Exegetical Society 92. Helsinki: The Finnish Exegetical Society; Göttingen: Vandenhoeck & Ruprecht, 2006.

Lust, J. "Exile and Diaspora: Gathering from Dispersion in Ezekiel." In *Lectures et relectures de la Bible: Festschrift P.-M. Bogaert*, edited by J.-M. Auwers & A. Wénin, 99–122. BETL 144. Leuven: Leuven University Press and Peeters, 1999.

Lyons, M. A. *From Law to Prophecy: Ezekiel's Use of the Holiness Code*. LHB/OTS 507. New York and London: T&T Clark International, 2009.

Marzouk, S. *Egypt as a Monster in the Book of Ezekiel*. Forschungen zum Alten Testament 2. Reihe 74. Tübingen: Mohr Siebeck, 2015.

Mayfield, T. "Literary Structure in Ezekiel 25: Addressee, Formulas, and Genres." In *Partners with God: Theological and Critical Readings of the Bible in Honor of Marvin A. Sweeney*, edited by S. L. Birdsong & S. Frolov, 225–36. Claremont Studies in Hebrew Bible and Septuagint 2. Claremont, CA: Claremont Press, 2017.

Mayfield, T. D. & P. Barter, eds. *Ezekiel's Sign-Acts: Methods and Interpretation*. BZAW 562. Berlin: De Gruyter, 2025.

Mein, A. *Ezekiel and the Ethics of Exile*. Oxford: Oxford University Press, 2001.

Mein, A. & P. M. Joyce, eds. *After Ezekiel: Essays on the Reception of a Difficult Prophet*. LHB/OTS 535. New York and London: T&T Clark, 2011.

Mylonas, N. F. *Jerusalem as Contested Space in Ezekiel: A City's Transformation through the Prophetic Imagination*. LHBOTS 751. London: Bloomsbury T&T Clark, 2023.

Nevader, M. "YHWH and the Kings of Middle Earth: Royal Polemic in Ezekiel's Oracles against the Nations." In *Concerning the Nations: Essays on the Oracles Against the Nations in Isaiah, Jeremiah and Ezekiel*, edited by E. K. Holt (*et al.*), 161–78. LHB/OTS612. London andNewYork: Bloomsbury T&T Clark, 2015.

_____. "God of the Migrant: The Displacement of God in Ezekiel." In *Divine Displacement: Postcolonial Approaches to the Hebrew Bible*, edited by Samuel L. Boyd and Sarra Lev, 103–22. Sheffield: Sheffield Phoenix Press, 2022

Nihan, C. "Ezekiel and the Holiness Legislation – A Plea for Nonlinear Models." In *The Formation of the Pentateuch*, edited by J. C. Gertz (*et al.*), 1015–39. FAT 111. Tübingen: Mohr Siebeck, 2016.

_____. "Ezechiel 8 im Rahmen des Buches – Kompositions- und religionsgeschichtliche Aspekte." In *Das Buch Ezechiel: Komposition, Redaktion und Rezeption*, edited by J. C. Gertz (*et al.*), 89–124. BZAW 516. Berlin: De Gruyter, 2020.

Oded, B. "'Yet I Have Been to Them מעט למקדֹשׁ in the Countries Where They Have Gone' (Ezekiel 11:16)." In *Sefer Moshe: The Moshe Weinfeld Jubilee Volume*, edited by C. Cohen (*et al.*), 103–14. Winona Lake, IN: Eisenbrauns, 2004.

Odell, M. S. *Ezekiel*. Smyth & Helwys Bible Commentary 16. Macon, GA: Smyth & Helwys, 2005.

_____. "Ezekiel Saw What He Said He Saw: Genres, Forms, and the Vision of Ezekiel 1." In *The Changing Face of Form Criticism for the Twenty-First Century*, edited by M. A. Sweeney & E. Ben Zvi, 162–76. Grand Rapids, MI: Eerdmans, 2003.

Odell, M. S. & J. T. Strong, eds. *The Book of Ezekiel: Theological and Anthropological Perspectives*. SBLSymS 9. Atlanta, GA: Society of Biblical Literature, 2000.

Park, Y. B. *Restoration in the Book of Ezekiel: A Text-Linguistic Analysis of Ezekiel 33–39*. ACEBT Supplement Series 11. Bergambacht: 2VM, 2013.

Patton, C. L. "Priest, Prophet, and Exile: Ezekiel as a Literary Construct." In *Ezekiel's Hierarchical World: Wrestling with a Tiered Reality*, edited by S. L. Cook & C. L. Patton, 73–89. SBLSymS 31. Atlanta, GA: Society of Biblical Literature, 2004.

Poser, R. "Verwundete Prophetie: Das Ezechielbuch als Trauma-Literatur." In *Gewaltig wie das Meer ist dein Zusammenbruch (Klgl 2,13): theologische, psychologische und literarische Zugänge der Traumaforschung*, edited by D. Erbele-Küster (*et al.*), 119–31. Hermeneutische Untersuchungen zur Theologie 89. Tübingen: Mohr Siebeck, 2022.

Renz, T. *The Rhetorical Function of the Book of Ezekiel*. VTSup 76. Leiden: Brill, 1999.

Rom-Shiloni, D. "Ezekiel as the Voice of the Exiles and Constructor of Exilic Ideology." *Hebrew Union College Annual* 76 (2005): 1–45.

Rom-Shiloni, D. & C. L. Carvalho, eds. *Ezekiel in Its Babylonian Context*. Die Welt des Orients 45.1. Göttingen: Vandenhoeck & Ruprecht, 2015.

Schwartz, B. J. "Ezekiel's Dim View of Israel's Restoration." In *The Book of Ezekiel: Theological and Anthropological Perspectives*, edited by M. S. Odell & J. T. Strong, 43–67. SBLSymS 9. Atlanta, GA: Society of Biblical Literature, 2000.

Stevenson, K. R. *The Vision of Transformation: The Territorial Rhetoric of Ezekiel 40–48*. SBLDS 154. Atlanta, GA: Scholars Press, 1996.

Stovell, B. M. "Yahweh as Shepherd-King in Ezekiel 34: A Linguistic-Literary Analysis of Metaphors of Shepherding." In *Modeling Biblical Language*, edited by S. E. Porter (*et al.*), 200–30. Linguistic Biblical Studies 13. Leiden: Brill, 2016.

Stravrakopoulou, F. "Exploring the Gardens of Uzza: Death, Burial and Ideologies of Kingship." *Biblica* 87 (2006): 1–21.

Stravrakopoulou, F. "Gog's Grave: Ezekiel 39 and Ancient Israelite Funerary Practices." *Biblical Interpretation* 15.1 (2007): 44–64.

Strine, C. A. "Ritualized Bodies in the Valley of Dry Bones (Ezekiel 37.1–14)." In *The Body in Biblical, Christian and Jewish Texts*, edited by J. E. Taylor, 41–57. LSTS 85. London and New York: Bloomsbury T&T Clark, 2014.

Strine, C. A. "The Role of Repentance in the Book of Ezekiel: A Second Chance for the Second Generation." *Journal of Theological Studies* NS 63 (2012): 467–91.

Strine, C. A. "Imitation, Subversion, and Transformation of the Mesopotamian *Mīs Pî* Ritual in the Book of Ezekiel's Depiction of Holy Space." In *Holy Places in Biblical and Extrabiblical Traditions*, edited by J. Flebbe, 65–78. BBB 179. Göttingen: V&R unipress / Bonn University Press, 2016.

Strine, C. A. (*et al.*), eds. *Dialectics of Displacement: Scriptural Approaches to Migrant Experience*. Sheffield: Sheffield Phoenix Press, 2017.

Strong, J. T. "Egypt's Shameful Death and the House of Israel's Exodus from Sheol (Ezekiel 32.17–32 and 37.1–14)." *Journal for the Study of the Old Testament* 34.4 (2010): 475–504.

Sweeney, M. A. "The Destruction of Jerusalem as Purification in Ezekiel 8–11." In *Form and Intertextuality in Prophetic and Apocalyptic Literature*, 144–55. FAT 45. Tübingen: Mohr Siebeck, 2005.

_____. "Eschatology in the Book of Ezekiel." In *Making a Difference: Essays on the Bible and Judaism in Honor of Tamara Cohn Eskenazi*, edited by D. J. A. Clines (*et al.*), 277–91. Hebrew Bible Monographs 49. Sheffield: Sheffield Phoenix Press, 2012.

Sweeney, M. A. *Reading Ezekiel: A Literary and Theological Commentary*. Macon, GA: Smyth & Helwys, 2013.

Sweeney, S. K. "Communications of the Book of Ezekiel: From the Iron Wall to the Voice in the Air." In *The Oxford Handbook of Ezekiel*, edited by C. L. Carvalho, 312–29. Oxford: Oxford University Press, 2023.

Sweeney, S. K. "Rattling Noises in the Dry Bone Plain: Ezekiel 37 and the Theology of Resurrection." In *Theology of the Hebrew Bible, Volume 2: Texts, Readers, and Their Worlds*, edited by S. K. Sweeney (*et al.*), 183–98. RBS 107. Atlanta: SBL Press, 2024.

Tooman, W. A. & M. A. Lyons, eds. *Transforming Visions: Transformations of Text, Tradition, and Theology in Ezekiel*. Princeton Theological Monograph Series 127. Eugene, OR: Pickwick Publications, 2010.

Tooman, W. A. & P. Barter, eds. *Ezekiel: Current Debates and Future Directions*. FAT 112. Tübingen: Mohr Siebeck, 2017.

Tuell, S. S. "The Priesthood of the 'Foreigner': Evidence of Competing Polities in Ezekiel 44:1–14 and Isaiah 56:1–8." In *Constituting the Community: Studies on the Polity of Ancient Israel in Honor of S. Dean McBride, Jr.*, edited by J. T. Strong & S. S. Tuell, 183–204. Winona Lake, IN: Eisenbrauns, 2008.

Zimmerli, W. *Ezechiel*. Biblischer Kommentar Altes Testament XIII/1–2. Neukirchen-Vluyn: Neukirchener Verlag, 1969–79.